北京电视台

大讲堂
中华文明

史诗华章

徐焰 著

徐焰将军谈毛泽东诗词

華藝出版社
HUA YI PUBLISHING HOUSE

图书在版编目(CIP)数据

史诗华章:徐焰将军谈毛泽东诗词/徐焰著.—北京:
华艺出版社,2009.7
ISBN 978-7-80252-124-7

Ⅰ.史…　Ⅱ.徐…　Ⅲ.毛主席诗词研究　Ⅳ.A841.4

中国版本图书馆 CIP 数据核字(2009)第 016879 号

史诗华章:徐焰将军谈毛泽东诗词

作　　者：徐焰
运营统筹：鲍立衔
责任编辑：刘泰　韩海涛　常永富
出版发行：华艺出版社
网　　址：www.huayicbs.com
社　　址：北京市海淀区北四环中路 229 号海泰大厦 10 层
邮　　编：100083
电　　话：010-82885151
印　　刷：北京顺义兴华印刷厂
开　　本：710×1000　1/16
字　　数：170 千字
印　　张：13.5
版　　次：2009 年 7 月第一版
印　　次：2009 年 7 月第一次印刷
书　　号：ISBN 978-7-80252-124-7/I·495
定　　价：22.00 元

序

　　在毛泽东诞辰 115 周年之际,《中华文明大讲堂》推出了《毛泽东和他的诗词》系列。这是栏目又一次成功的题材开拓,一代伟人的丰功伟绩已深深印在中华文明传承的历史长卷上。这次主讲嘉宾请来了国防大学战略教研部教授徐焰,他是博士生导师,又是专业技术少将,可谓文武兼备,讲读毛泽东诗词自有新见。华艺出版社也独具慧眼,依据讲座出版此书,让观众和读者可以更从容地品鉴,获得更多的感悟。

　　听了徐教授的讲座,我对毛泽东诗词有了更深入的理解。比如他讲《菩萨蛮·黄鹤楼》,"上黄鹤楼往往令千古诗人迷茫,毛泽东此时却撇开黄鹤而望大江,由怅惘而奋发。他不但有苏东坡赤壁怀古时'人生如梦,一尊还酹江月'那样的慨叹,而且'把酒酹滔滔,心潮逐浪高',改苏东坡的颓丧之情,显出执著和奋发"。没有伟人的胸怀,很难这样巧妙化用古典诗词的意象。再比如他讲毛泽东的婉约词风,一般读者往往看到的是毛泽东诗词的豪放,但仔细品味,那里面的深情似乎能更深地打动我们的内心。《虞美人·枕上》是毛泽东与杨开慧婚后,一次短暂别离时写给杨开慧的,属于典型的婉约格调,情深意长、缠绵悱恻,尤其是"堆来枕上愁何状,江海翻波浪"。其实,就在那些"谁主沉浮"的豪放作品里,同样可以见到毛泽东诗里所包容的婉约气质,例如他自认诗词创作中颇为得意的《忆秦娥·娄山关》:

> 西风烈，
>
> 长空雁叫霜晨月。
>
> 霜晨月，
>
> 马蹄声碎，
>
> 喇叭声咽。
>
> 雄关漫道真如铁，
>
> 而今迈步从头越。
>
> 从头越，
>
> 苍山如海，
>
> 残阳如血。

在感受慷慨豪壮之气概的同时，月色霜晨、雁鸣蹄碎所烘托出的意境，也蕴涵着诗人内心的豪迈情怀。再比如他的《卜算子·咏梅》，梅花在毛泽东的笔下被赋予了新的意趣，既空灵淡远、意境融彻，又柔美清秀、热烈明丽。毛泽东曾对人说，自己身上是虎气为主，也有猴气。这也从一个角度解释了毛泽东诗词里豪放与婉约能够兼容的原因之一。近读余光中先生的散文《猛虎和蔷薇》，里面说："人生原是战场，有猛虎才能在逆流里立定脚跟，在逆风里把握方向，做暴风雨中的海燕……才能创造慷慨悲歌的英雄事业……同时人生又是幽谷，有蔷薇才能烛隐显幽，体贴入微……完整的人生应该兼有这两种至高的境界。"豪放与婉约一起构成毛泽东诗词完整的艺术境界。

徐教授的讲座还有一个特点，他是"知人论世"，讲诗词艺术而又钩沉史实，给我们呈现了一个立体的毛泽东和他的诗词。毛泽东的诗词又何尝不是波澜壮阔的中国革命历程的另一种书写呢？在中国古典诗词的精神长河里，"诗言志"始终是至高的创作规范，从《诗经》、楚辞、汉魏乐府到唐诗宋词，展示的不正是这个文明古国的心灵历史吗？在毛泽东的诗里，沉淀着风雅传统、建安风骨、盛唐气象等所凝结成的精神底蕴。古人评盛唐诗风"格高调逸,趣远情深,削尽常言,挟风雅之迹,浩然之气"。毛泽东的诗词创作在拥有这些特点的同时,又"独领风骚",让古体诗词获得了更深广的概括和表现力,从而创造了精神与艺术的丰碑。

　　《中华文明大讲堂》开播已有两年了,他们每次推出新题,总能引起出版界的关注,这要感谢我们的专家,也应当感谢出版社,同时更要感谢观众和读者,没有他们的支持,恐怕也难有这么多的系列付梓。作序时是岁来年初,新年的喜悦在弥漫,闲时读读此书,"踏遍青山人未老,风景这边独好",也许会让你对人生世事的认识有些新的变化。

　　是为序。

北京电视台台长

水调歌头

重读毛泽东诗词有感

辛 旗

承命五千载，宿运八三年。

湖海乾坤豪气，挥手换人间。

楚熊三户未老，吴越一脉犹盛，秦汉立雄关。

晋风吹北路，唐乐奏天山。

苏辛词，关汤曲，文康乾。

万里征战，红旗漫卷长风天。

和血写就殷烈，壮怀从来未泯，列阵笑尘烟。

弘毅路修远，春秋等闲看。

2004 年 4 月 18 日写于北京彝堂

（作者为中华文化发展促进会秘书长）

前　言

在庆祝改革开放取得伟大成就的今天,亿万人民仍然深切怀念新中国的缔造者毛泽东。作为一位有着辉煌业绩的政治家、军事家、思想家毛泽东同时也是一位书法家,还是一位著名的诗人。无论是在戎马倥偬的革命战争年代,还是在和平建设时期,毛泽东诗词曾以其鲜明的政治内容和优雅的艺术形式所达成的完美统一,教育和激励了几代中国人。他的诗词是中华民族文化遗产中的瑰宝,是反映中国革命斗争的壮丽史诗。多少年来,不少评论家从不同角度解读过毛主席诗词。本人的讲座,则是从诗词创作的历史背景出发,以史解诗,以诗谈史,尝试解析这些史诗华章。

毛泽东,字润之,出生于湖南湘潭一务农之家,却与诗词结缘,终生乐此。早在 1937 年美国记者斯诺写的《红星照耀中国》(又译《西行漫记》)在国内风行时,毛泽东的《长征诗》即开始为人所知。新中国成立后,毛泽东诗词逐渐传之天下,脍炙人口。尤其在“横扫一切”的动乱年代中,种种“四旧”皆破,唯有旧体诗词写作无人敢禁。至今谈到毛主席诗词,在中国大地上几乎是家喻户晓,尤其是中老年人大多耳熟能详,可以随口吟诵。不夸张地说,毛泽东许多激动人心的诗句,已经融化到亿万人的精神血液中,成为几代中国人文化思维的一部分,其创作体例及风格无数人所模仿,影响所及可谓教化了几代国人。

毛泽东诗词能有这样大的影响力,绝不是靠人为的"大树特树"所能达到,而是因为在那个特定的历史年代中,它是激励人民奋斗前进的艺术号角,那种诗化的政治语言打动了亿万颗心,在物质贫乏的年代成为宝贵的精神食粮。

自古道,"文以载道,诗以言志,乐乃心声。"毛泽东的诗词,恰恰表达了他奋斗一生的恢弘志向。毛泽东青年时代便确立"改造中国与世界"的志向,与当年为强国救亡的无数志士仁人心心相通,因此他的诗词才能感动上至饱学之士、下至普通群众的亿万国人。

毛泽东又是最有历史感的诗人之一,他的诗句反映了那个激情燃烧岁月的时代风貌,堪称革命史诗、奋斗史诗。如果说,不读毛泽东著作就不知道什么是毛泽东思想,那么不读毛泽东诗词,也不能深刻领会毛泽东思想。

如果追溯历史就可以看到,在1924—1927年大革命时期,毛泽东的文章就经常在报章上出现,不过主要是少量革命者阅读。那时,作为"农民运动之王"的"毛委员"的名字主要为湖南、湖北的部分农民运动积极分子所熟悉,国内多数人并不了解。1928年井冈山斗争蓬勃开展之后,毛泽东的名字随着"朱毛"红军的名声才响彻全国大地,成为革命人民的希望,反动势力则把"朱毛赤匪"当成最可怕的威胁。当时一些报纸上讽刺说,许多深山里的土财主总听到外面宣传"朱毛赤匪"在江西如何厉害,还以为"所谓朱毛者,姓朱名毛,字赤匪,江西人也"。

由于国民党统治时期报纸上的歪曲宣传,国内许多人曾长期把毛泽东的名字与"山大王"相连,1937年美国记者斯诺写的《西行漫记》在国内发表后,广大国人通过这本书初步了解了毛泽东,知道他是一位文人出身的领袖。不过,直至1945年国共重庆谈判期间报刊上发表了《沁园春·雪》,并由此引发了一场唱和笔战,一时间众多的知识分子才就此有了一个全新印象,原来毛泽东居然还是一位豪迈的诗人。

全国解放初期,毛泽东不大愿意发表自己的旧体诗词。直至 1957 年,《诗刊》创刊号上才发表了由毛泽东亲自审订的诗词 18 首。1963 年 12 月 26 日,毛泽东 70 岁诞辰时,中共中央根据 1949 年 3 月召开的七届二中全会上作出的不许为领导人庆寿的决议,没有举行纪念诞辰的公开活动,只出版了《毛主席诗词三十七首》。学习、传诵毛主席诗词的热潮,就此也席卷了全国。

20 世纪六七十年代,我在学校、农村和部队,经常看到墙报上登着标有"满江红"、"浪淘沙"这一类词牌的作品,不过这些看似诗词的作品大都没有平仄,有些韵律也不对,严格来讲只是挂着格律诗词牌子的"打油诗"。尽管那个时代多数人对毛泽东诗词是从政治上理解和吟诵,不过诗词中的许多语言已经成为那一代人重要的思想财富和语言习惯。

1976 年元旦,在 13 年前发表的《毛主席诗词三十七首》之外又发表了两首词。毛泽东发表诗词一向非常慎重,每一首发表前都要反复推敲,逐字斟酌,改过的许多诗词又不肯公开,总计他在世时只同意发表了 39 首诗词。

1978 年中共中央十一届三中全会开创了改革开放的新时代。毛泽东也就此走下了神坛,评论家可以从不同角度来评说他的诗词,又有不少新发掘出来的毛泽东诗词公诸于世。1986 年,人民文学出版社出版《毛泽东诗词选》,收录诗词 50 首。1996 年 9 月,中央文献出版社出版《毛泽东诗词集》,新增了 17 首诗词,共 67 首。

1997 年,北京出版社出版了《毛泽东诗词百首译注》,收集了国内出版物上所载的毛泽东生平所写诗词 100 首。长江文艺出版社出版了《毛泽东诗词对联书法集观》,则收录毛泽东诗词 120 余首。不过,新近发表的一些诗词是传抄而来,没有发现手迹,因此有些专家怀疑有几首已经发表的毛泽东诗词是伪作,或是毛泽东修改的他人的诗词。看起来,对毛泽东诗词的挖掘和真伪考证,今后还要继续下去。

毛泽东写过诗词的准确数字,恐怕永远也难以搞清。因为毛泽东的前半生处于动乱年代,写过的诗词失散太多。毛泽东进城以后虽然文稿的保存条件很好,然而他本人却经常对自己的一些创作不满意,随手便扔进纸篓,有些留存下来的诗词还是秘书捡起来保存的。另外,毛泽东有一些即兴的顺口溜式的作品,例如像"军队向前进,生产长一寸。加强纪律性,革命无不胜"一类,到底算不算诗,有时也不好界定。

不过能肯定的是,毛泽东从十几岁便很喜欢写诗词,直至 80 岁时还在动笔写诗,可以说诗词伴随了他的一生。想了解毛泽东的人生轨迹,就不能不了解毛泽东诗词;同样,想了解毛泽东诗词的创作轨迹,又不能不了解毛泽东的人生……

徐焰

2009 年 6 月

目　录

第二章　井冈豪气

第三章　马背诗人

第四章　词坛笔战

第五章　以诗会友

第六章　日月换新天

第一章　诗情并茂

　　按历史唯物主义观点，社会存在决定意识，毛泽东所处的文化氛围造就了他的诗词作品。想了解毛泽东诗词，首先就需要了解他成长的家庭环境，以及从少年起所受到的教育和身边的文化氛围。

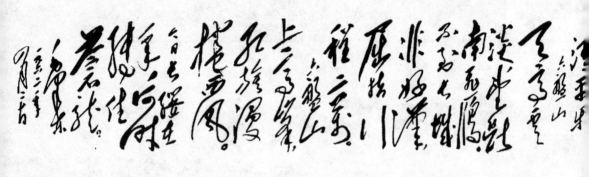

1. 毛泽东从什么时候开始学诗和写诗?

1893 年 12 月 26 日,毛泽东出生于湖南韶山一个较为富裕的农民之家。毛泽东的父亲毛贻昌(字顺生)终生务农,经商小有积蓄又开米店,却识字不多。毛泽东的母亲文氏(家人称七妹)为人善良,经常扶贫济困,对毛泽东的人格影响很大。韶山冲虽说是个对外相对闭塞的山村,却美丽而幽静,这种环境对俊秀人物的生长较为有利,即古语所说地灵人杰。

从 8 岁起,毛泽东就进入私塾就学,如他后来所说,小时候读的是孔夫子的书。他走上求学之路之初就相伴着学诗,直至晚年读书都总是兼顾读诗。中国传统的启蒙教育,是把学古文与学诗相结合,年幼的毛泽东从刚读书开始学习诗经,并从此进入古典诗词的殿堂。

把幼年毛泽东引入古典诗词殿堂的,则是私塾教师毛麓钟。作为毛泽东族叔的毛麓钟是清末秀才,曾在蔡锷手下做过事,既有古典文学造诣又接触过民主主义思想。毛泽东在私塾就读时,在他的引导下读过唐诗,看过《汉书》《通鉴纲目》等古籍。此外,毛泽东还听过家乡的一些民歌和戏剧,由此接触到一些写民间诗歌的知识,据说他小时候也经常编一些顺口溜性质的小诗。私塾老师也教幼年毛泽东作对子。有一次因学童在池塘玩水影响上学,老师生气了,还罚毛泽东等人对对子,结果还对得不错。古时练习作对子是作诗的基本功,韶山的私塾老师正是以作对子教蒙童们如何学作诗,这为毛泽东后来的诗词创作打下了最初功底。

在那个封建末世满目疮痍、民不聊生的山乡里,毛泽东目睹了残酷的压迫,养成了倔犟的性格和反抗意识,同时当地千姿百态的大自然景色,在他幼小的心灵中也注入了对美的追求、对劳动的礼赞及对贫苦农民的同情。田园诗般的山村景色,在幼年时陶冶了他的气质和情操,不仅影响了他成年时的诗词之作,也给他后来的政治实践活动打下了终生不灭的烙印。毛泽东诗词创作的美学蕴涵,于其青年时对故乡风光的礼赞中即可见一斑。1916年6月他写给当时的密友萧子升(萧瑜)的一封信,即描绘了回乡途中所见:

"一路景色,弥望青碧,池水清涟,田苗秀蔚,日隐烟斜之际,清露下洒,暖气上蒸,岚采舒发,云霞掩映,极目遐迩,有如画图。"

毛泽东虽意志坚强,却又始终是感情丰富之人。观家乡田园,由此充满了诗的气息,足见生长环境的影响。在后来的生涯中,与身边学人特别是诗友的交往,更成为催化他创作灵感的动力。

毛泽东成为中国人民的领袖后,他的手迹成为珍贵的文物。由于毛泽东十几岁便离家,后来国民党政府曾将他家的房屋没收,家中物品失散,少年时代的文字难以找到。解放后找到毛泽东最早的一份文字手迹,是他在湘乡县的舅舅家献出的一首诗。写下这篇文字的时间是1910年,诗的全文是:

> 孩儿立志出乡关，
>
> 学不成名誓不还；
>
> 埋骨何须桑梓地，
>
> 人生无处不青山。

严格而论，这首诗并非毛泽东所创作，是当时国内广为流传的日本明治维新的志士西乡隆盛的诗。据日本现代学者竹内实的考证，这首诗是日本和尚月性所作。毛泽东抄录时，把原作"死不还"中的"死"字改成"誓"字，表现受中华文化熏陶的人不像日本人那样愿意以死相赌。

我们姑且不去考证到底哪个日本人是这首诗的原作者，重要的是研究 17 岁的毛泽东为什么要写下这首诗。这首诗可以说是毛泽东离开家乡、走向广阔天地的宣言，表现出这个当时还未离开过韶山的山乡青年有外出求学、建功立业的远大志向。

出身于较为殷实的农民之家，长成后又出外求学的毛泽东，从青少年起就恰好具备了既熟悉农民又兼具中国传统知识分子特色这两方面的条件。"天将降大任于是人也"，环境和历史就是这样选择了毛泽东，使这个韶山农村的青年成为伟大的革命家和豪情满怀的诗人。

如果从人的家庭环境对成才影响的角度考查，毛泽东虽生活在阶级矛盾尖锐的中国农村，他本人的家庭却没有受到多少封建地主阶级的压迫，其父在乡里还属于较富裕之人。毛泽东在后来的回忆中，对父亲没有说过多少好话，靠辛苦劳作起家却已靠经商小富的毛贻昌重的是实利，为人又有些刻薄。对于长子毛泽东，他多年间也当做小长工使用。据毛泽东在 1936 年与美国记者埃德加·斯诺的谈话所述，父亲供给家人的伙食还不如对雇工的待遇。毛泽东回顾童年时同父亲的关系时，又谈到他同父亲有过两次重要的斗争：一次是 10 岁时不愿上学又不敢回家，出外流浪了三天，回家后父亲的态度反而比过去稍微温和了一些。另一次是 13 岁时父亲在客人面前骂毛泽东懒而无用，毛泽东回骂父亲并跑到一个池塘边威胁要跳进水中，父亲软了下来答应不打他。毛泽东由此得出的结论是公开反抗可以保卫自己的权利，有斗争才有胜利，如果只是温顺驯服，父亲只会更多地打他。

不很和睦且时有冲突的父子关系，造就了毛泽东倔犟和善于反抗的性格。毛泽东在解放后曾对从家乡来北京的堂弟毛泽连说过，正是由于他父亲为发财不顾骨肉之情，乘其二叔（即毛泽连的父亲）困难而买下人家赖以生活的 7 亩田，才使毛泽东认清只有改造这个社会，才能根绝这类事，于是下决心寻找一条解救穷苦农民的道路。这段生活经历，确使毛泽东远比其他出身富家的知识分子更深刻地了解农民的特点及苦难，为他以后从事农运和"唤起工农千百万"（其实基本上是唤起农民），奠定了他人难以企及的基础。

毛贻昌虽然以受毛泽东谴责的手段积蓄起了部分钱财，然而恰恰是由于有超出普通农民的这一经济基础，他才能够供给儿子求学的费用。靠家庭的资助和本人的勤奋，毛泽东走完了从读孔孟之书的私塾，到新旧学校特色兼备的湘乡高等小学，最后进入近代新型学校——湖南第一师范之路。古老与近代、传统和未来、乡村和城镇，这多种不同文明和特色的交会点，恰好集中到毛泽东身上，并使他具备同时代的许多知识分子所没有的特点，能写出具有特殊魅力的诗篇。

当年毛泽东能走出韶山外出求学，便经历了一番同父亲的斗争。毛泽东同父亲这场尖锐的斗争，表现为人生道路的选择。毛泽东的父亲毛贻昌靠十几年经营，由农民变成米商。1910 年即毛泽东 17 岁时，他要送自己这个长子到湘潭县的米店当学徒，让他学会经商再回来继承父业。

可是毛泽东知道自己外祖父家的湘乡有一座新式学堂——东山高等小学堂,想到那里再读书,父亲却认为他上过私塾已经认识字、能记账,再上学是白白浪费钱。

此时的毛泽东通过饱读诗书,已经开始接触新思想,父亲的主意同自己的志向已经形成了尖锐矛盾,读书与学徒之争,在这个家庭中日益尖锐。毛泽东后来没有采取硬碰的办法,而是趁父亲经商回家的机会,准备了一桌酒饭,把家乡的毛麓钟、毛宇居、毛岱钟、周少希等有学问的老先生都请来(据说还有他的表兄王季范)。这些人在地方上有一定声望,大多做过毛泽东的塾师。他们都觉得毛泽东聪敏好学,志存高远,因而待毛贻昌回家后这些先生们几乎众口一词劝他让毛泽东去湘乡读书深造。毛贻昌毕竟也是见过世面的人,通过劝说,他感到让毛泽东再念书,也许日后比当米店老板更有出息,于是表示同意,留下次子毛泽民管家。后来毛泽民擅长理财,参加革命后曾在上海为党中央管理财务。到中央苏区后,毛泽东是中华苏维埃政府主席,毛泽民担任中央银行行长,直到被捕牺牲前在新疆还负责财务工作,这在很大程度上是家庭环境所造就的。

毛泽东在离家去湘乡东山高等小学堂读书之前,在父亲发黄的记账簿上留下这样一首言志诗。毛贻昌年轻时也曾出外闯荡过,在新湘军中当过兵,不过识字不多,看不大懂儿子留下的这首诗是什么意思,便撕下这页记账簿上的诗,找离家不远的有名维新派教师李漱清询问。李漱清看过毛贻昌送来的纸页,马上夸他的儿子有志气。可能是出于这一原因,毛贻昌把撕下来的这一页诗夹在毛泽东小时候读过的一本书里,送到毛泽东在湘乡县读书时借住的外祖父文家。后来几十年尽管战乱风雨,文家人都珍藏着这本书,并于全国解放初期拿出来,里面的一张纸上便有这首诗。这份珍贵的文物,是目前可以找到实物的毛泽东写下的最早的文字。

2. 入东山小学的毛泽东为什么对日本诗歌记忆深刻？

　　毛泽东留下的最早的文字，是离家时抄录日本人的诗作，这并非偶然，其实表现出那一代进步的中国人的追求。

　　甲午战争之后，中国掀起了维新变法以救亡的热潮，当时的国内志士都以日本的明治维新为榜样。20 世纪初，有几万中华学子到日本留学，掀起中国历史上第一次留学潮。这些留学生将日本先进的文化引入了中国，在很大程度上推进了中国的资产阶级革命和新文化运动。例如，现代汉语的词汇中从英文引进的只有几十个，如"雷达"、"卡车"、"加农炮"、"坦克"，引自俄文的只有两个：即"苏维埃"、"沙皇"，可是引自日文的多达 800～1000 个，包括我们常用的大量政治、经济、军事词汇其实都来自日文。如"共产党"、"共产主义"、"社会主义"、"干部"、"科学"、"民主"、"干部"等都是日文词汇。古代日本在文化上主要学习中国，近代中国在文化上很多是学自日本。

　　青少年时代的毛泽东无论是仿西乡隆盛的诗，还是后来所写的"送纵宇一郎"，都以艺术形式表现出对日本明治维新后走向强盛道路的一种向往。17 岁的毛泽东到外祖父家所在的湘乡县东山高等小学堂读书，也受日本歌谣影响。二十几年后的 1936 年，毛泽东在陕北与斯诺的谈话中，还提到当时一位从日本留学归来被称为"假洋鬼子"的老师所教的一首《黄海之战》的歌谣——"麻雀歌唱，夜莺跳舞，春天里绿色的原野多可爱，石榴花红，杨柳叶绿，展现一幅新图画。……"

　　这首歌反映的是日本在对俄战争胜利结束后的愉快心情。毛泽东回忆说，他感到这些歌词很动人，使人"感觉到日本的美，也感觉到一些日本人的骄傲和强大。我没有想到还有一个野蛮的日本——我们今天所知道的日本"。

毛泽东到东山小学堂后,除了接触到新思想外,面对周围湘乡籍富家子弟的歧视也曾以写诗愤慨。这座新式学堂本是专收湘乡县的子弟,毛泽东是以外祖父的家为籍贯才考入这所学校。入学后,面对那些傲气凌人的湘乡籍富家子弟的歧视,毛泽东愤然写下一首《咏蛙》诗:

> 独坐池塘如虎踞,绿杨树下养精神。
> 春来我不先开口,哪个虫儿敢作声。

少年毛泽东写出这首有非凡气度的诗,自然是要托物寄情,表达对周围那些纨绔子弟的极度藐视,并显示出敢为天下先的超群意愿。不过这首诗到底是由毛泽东自创还是改写,至今还无定论。清末湖北英山名士郑正鹄曾写过一首类似的诗,题目也是《咏蛙》:

> 小小青蛙似虎形,河边大树好遮荫。
> 明春我不先开口,哪个虫儿敢作声。

不管此诗由来如何,却说明这时毛泽东已把写诗作为抒情言志的一种工具。这时的毛泽东在东山高等小学堂确有鹤立鸡群的姿态。他不仅以年纪偏大、身材魁梧远过于同窗而醒目,而且入校不久,就因作文而一鸣惊人。他写的一篇《宋襄公论》交上去后,令老师们惊讶不已。如今这篇高小学生的作文卷早已遗失,国文教师的批语还在——"视似君身有仙骨,襄观气宇,似黄河之水,一泻千里。"校长甚至还预言,这位学生日后将是"建国材"。

当时在东山高等小学堂内,萧三因自幼得到家教,学业很好,常得先生好评,在校内算是知名人物。毛泽东作为家境不算太好的晚班生,入校不久就与萧三成为朋友。1936年毛泽东在陕北向美国记者斯诺回忆少年时代在东山高等小学堂的生活时曾说过:

"很多富家的同学看不起我,因为我平常总穿着破旧的衣服。不过,在他们中我也有朋友,有两个和我特别情投意合。其中一个现在已成为作家,住在苏联。"

毛泽东所说的这个"作家",就是萧三。当年在东山高等小学堂,他与同学萧三结成朋友,后人却没有看见这两个高小学生交往时的诗作。东山高等小学堂的作文老师贺岚岗先生原先偏爱萧三,及至毛泽东入校,又特别喜爱起这位新生。他有一次对毛泽东的作文赞赏不已,特送了一套布面丝绒装订的《了凡纲鉴》给毛泽东。先生送礼给学生,在当时实属罕见,在校内引起极大的轰动。萧三由此对毛泽东表示佩服,两人经常在一起讨论问题,常令周围同学感到羡慕。

毛泽东在东山高等小学堂读了大半年书,1911年春天考入湘乡驻省中学,在那里也只读了半年书,同年10月10月辛亥革命爆发,长沙也发生起义并建立了反清的新军,月底毛泽东就自愿入伍,在革命党人成立的湖南新军第25混成协(旅)中当了半年兵。由于辛亥革命以南北妥协告终,毛泽东退伍到长沙,先以头名成绩考入省立第一中学,后因不满意课程退学,接着于1913年再考入第四师范学校。翌年第四师范并入第一师范。辛亥革命前后,第一师范学校特邀著名教育家杨昌济和徐特立等名师来校执教,才使这所师范学校为三湘子弟所普遍看好,名气日增。第一师范当年的校歌就这样唱道:

衡山西,岳麓东,城南讲学峙其中。

人可铸,金可熔,丽泽绍高风。

多材自昔夸熊封,男儿努力,蔚为万夫雄。

第一师范的不少教师是从日本留学归来的,学校的校服和教育方式也模仿日式。当时近代先进的中国人虽然一度以日本为师,可是日本军国主义者却侵略和欺凌中国。1914年,第一次世界大战爆发,西方列强无暇东顾,日本想乘机独霸中国,这使先进的中国人认识到日本的道路走不通。1915年日本向袁世凯提出"二十一条",使毛泽东彻底改变了对日态度,并在愤慨之余所写下一首短诗,反映出最早抗日的决心——

五月七日,

民国奇耻。

何以报仇?

在我学子!

这首四言韵语式的短诗,有着自由体风格,堪称毛泽东第一首直白的诗化政治宣言。随后,毛泽东在致朋友萧子升的信中说:"日人诚我国劲敌!""二十年内,非一战不足以图存。"后来的历史果然证实了毛泽东的预见,在他写下那首短诗二十多年后,中华民族果然开始了伟大的全面抗战,不仅解决了"图存"问题,而且迎来了民族解放的曙光。

3. 毛泽东在什么时候开始写旧体诗词？

青年毛泽东与同时代的文人一样，喜欢旧体诗词，像"五月七日，民国奇耻"这种白话体短诗只是偶一为之。在第四师范、第一师范这 5 年时间里，毛泽东学习了大量的中国古典诗词，熟读了《韩昌黎文集》、《昭明文选》、《离骚》、《九歌》、汉赋、乐府和全唐诗、宋词等。从现存的湖南第一师范的课堂笔记手稿来看，毛泽东手抄了屈原的《离骚》和《九歌》，并阐发了对诗词的认识。

据毛泽东在第一师范的同学回忆，当时毛泽东好写诗词，虽不常作，"偶一下笔，却不同凡响：雄壮、豪放、气象万千，朋友们争相传诵"，"青年毛泽东的散文和韵文的表现力闪着一种似乎是天赋的才华"。

毛泽东进入第一师范学校不久，如同在东山高等小学一样，以他一手好文章引起老师们的不绝赞赏和同学们的敬重，并在他身边聚集起一批有志青年。在第一师范上学期间，毛泽东和萧三、蔡和森、萧子升、陈绍休、陈昌等同窗好友常在饭后或星期天相约结伴而游，或登山游水，或漫话时局，共同探讨人生，纵谈天下大事。毛泽东后来在延安同埃德加·斯诺谈话时回忆道："这是一小批态度严肃的人，他们不屑于议论身边琐事。他们的一言一行，都一定要有一个目的。他们没有时间谈情说爱，他们认为时局危急，求知的需要迫切。……我的朋友和我只愿意谈论大事——人的天性，人类社会，中国，世界，宇宙！"

当时，毛泽东和他的学友们还有意识地锻炼自己的意志和体魄，每天黎明时分即起床进行锻炼。星期天和节假日，他们经常攀登学校后面的妙高峰或湘江对岸的岳麓山，遇到下雨就脱掉衬衣让雨淋并称为"雨浴"；

烈日当空又脱掉衬衣让太阳晒作为"日光浴";当春风吹来之时,他们还出去散步让风吹身并称之为"风浴"。甚至到了 11 月份,毛泽东等人还在寒冷的河水里游泳,这批热血青年名副其实地是在"中流击水"的风浪中成长。

根据目前可以看到的材料,至少在 1914—1915 年,也就是毛泽东在 21～22 岁时,就已经以诗文交友,只是后来历经几十年的战乱,多数诗文都没有保存下来。在第一师范求学的前期,毛泽东结交的朋友如萧子升、蔡和森、何叔衡、罗章龙、罗学瓒等,都是擅长作诗的,他们之间经常有唱和。现在保存下来的罗学瓒的三首诗,可见他们之间的唱和有着冲天豪气,尤其是《与诸友人雇舟畅游水陆洲》这一首中说:"安得异人起,拔剑斩妖氛。倾洋涤宇宙,重建此乾坤。"

虽然现在人们只能看到罗学瓒的这首诗,没有能找到毛泽东的和诗,却可以看出这些年轻人确有气吞宇宙之志。

现在人们看到的毛泽东创作的第一首旧体诗,是一首悼诗。1915 年 3 月,毛泽东在湖南第一师范的同学易昌陶病故。5 月,学校举行追悼会,毛泽东作五言古诗一首《挽易昌陶》。全诗有 40 句,共 200 字,曾编入学校编印的《易君咏畦追悼录》中,经历 40 年战乱竟保存了下来。读全诗,可感受到才思如涌,语句练达,这让世人第一次领略了毛泽东早年的诗词天赋。

五古·挽易昌陶

去去思君深,思君君不来。

愁杀芳年友,悲叹有余哀。

衡阳雁声彻，湘滨春溜回。

感物念所欢，踯躅城南隈。

城隈草萋萋，涔泪浸双题。

采采余孤景，日落衡云西。

方期沆瀁游，零落匪所思。

永诀从今始，午夜惊鸣鸡。

鸣鸡一声唱，汗漫东皋上。

冉冉望君来，握手珠眶涨。

关山蹇骥足，飞飙拂灵帐。

我怀郁如焚，放歌倚列嶂。

列嶂青且蒨，愿言试长剑。

东海有岛夷，北山尽仇怨。

荡涤谁氏子，安得辞浮贱。

子期竟早亡，牙琴从此绝。

琴绝最伤情，朱华春不荣。

后来有千里，谁与共平生。

望灵荐杯酒，惨淡看铭旌。

惆怅中何寄？江天水一泓。

    毛泽东在解放后谈到自己的诗词创作时，曾认为自己不擅长五言诗，并说"没有发表过一首五言律"。如今人们看到的第一首毛泽东所写的古体诗，恰恰是他青年时代所写的长篇五言诗。毛泽东后来确实不大愿意再写五言诗，七律诗也写得很少，比较喜欢写长短句。

这首《挽易昌陶》的五言长诗,不论内容、风格、意境、炼字、用典,已显出毛泽东在一师求学时的不平凡诗才,还可以看出这位青年胸怀天下的抱负。毛泽东不仅在诗中用"愁杀芳年友,悲叹有余哀"这样动人的诗句悼念去世的好友,更是想到了国家面临的危险形势,尤其是直接点到在近代侵占中国最多的日本和沙俄两国,提出"东海有岛夷,北山尽仇怨"。此时正值国贼袁世凯基本接受日本的"二十一条",民族危亡在即,正当男儿应仗剑报国之际,毛泽东却见少年才俊悄然早殇,身为同窗挚友,悲从中来。这首挽诗不仅是一首表达哀伤的悼诗,也是一篇忧国之作,体现了这位 22 岁的第一师范学生的思想追求,即如同他当年所形容的——"身无分文,心忧天下"。

毛泽东写诗悼念的易昌陶,无疑是他关系密切的朋友,是否为诗友现在已找不到遗留的作品可供鉴定。诗中"衡阳雁声彻,湘滨春溜回"等秋雁春水之类的描写,寄托了怀念相聚时的情深;"城隈草萋萋""日落衡云西"等哀草落日之景,又哀叹了永别的悲凉;"牙琴从此绝""谁与共平生"等伯牙知音的历史典故,还形象地比拟相交之厚。全诗不仅情深意切,而且从其创作的功力看,在此之前毛泽东应与诗词结缘已久,否则这样成熟的作品绝难一蹴而就。两年后,毛泽东所写的《送纵宇一郎东行》,也体现了诗作的深厚功力。

4. 青年毛泽东同罗章龙有着什么样的友谊和诗交呢?

解放后毛泽东在致胡乔木函中曾感叹:"诗难,不易写,经历者如鱼饮水,冷暖自知。"此语,可以看做毛泽东对自己几十年创作经历之自我总结。不过他在学生时代留存至今的两首诗词作品——《挽易昌陶》《送纵宇一郎东行》都是按照传统规范所写的律诗。

青年毛泽东的诗作,现在还能看到一首 1918 年 4 月写的《送纵宇一郎东行》。"纵宇一郎",是当时新民学会会员罗章龙准备赴日本留学前所起的日本名字。当时毛泽东和其他第一师范的同学经历了 5 年学校生活,都要考虑就业、升学、出国等。这时他们还不知道有赴法勤工俭学机会,新民学会成员何叔衡首先提出留学日本的主张,大家推罗章龙先行。当年先进的中国人大都希望到日本留学,这一年周恩来也曾从天津南开中学前往日本留学,罗章龙这次赴日也是那个时代年轻知识分子的时尚。

作为罗章龙的好朋友,毛泽东也参加了送行会,并吟诵了一首名为《七古·送纵宇一郎东行》的七言长诗作别,诗中表达了"君行吾为发浩歌,鲲鹏击浪从兹始"这样的送别之情,可谓豪气满怀,壮志凌云。其全文是:

> 云开衡岳积阴止,天马凤凰春树里。
>
> 年少峥嵘屈贾才,山川奇气曾钟此。
>
> 君行吾为发浩歌,鲲鹏击浪从兹始。
>
> 洞庭湘水涨连天,艟艨巨舰直东指。
>
> 无端散出一天愁,幸被东风吹万里。
>
> 丈夫何事足萦怀,要将宇宙看稊米。
>
> 沧海横流安足虑,世事纷纭从君理。
>
> 管却自家身与心,胸中日月常新美。
>
> 名世于今五百年,诸公碌碌皆余子。
>
> 平浪宫前友谊多,崇明对马衣带水。
>
> 东瀛濯剑有书还,我返自崖君去矣。

　　这首154字的七言长诗,几乎句句有典故,有来历,这些典故运用自如,且极有气势。诗中有两段诗文很值得玩味,一是"丈夫何事足萦怀,要将宇宙看稊米",这显示出气派之大,可以雄视宇宙! 二是"名世于今五百年,诸公碌碌皆余子",这出典于孟子的名言——"五百年必有王者兴,其间必有名世者。"毛泽东在诗中引据此典,明显认为又到了产生伟大人物的时代。"江山代有才人出",毛泽东诗中所写的"名世者"可以是指罗章龙,也可以是指新民学会的同道们,包括毛泽东本人。至于"诸公碌碌皆余子"一句,是指当政者都是庸碌之辈,表现了青年毛泽东对北洋军阀时代权贵们的极度蔑视,恰恰是他后来所说的"粪土当年万户侯"的气概。

　　过去中共党史上曾一度把罗章龙作为反面人物,其实这位中国共产党最早的党员在历史上曾是毛泽东的好友。26年前即1982年时,当我自己也属于"书生意气"之际,在中国人民大学读研究生时曾访问过罗章龙老先生,他也曾讲述过在青年时代同毛泽东的密切交往。

　　1915年5月,毛泽东曾以"二十八画生"(即毛泽东的名字按繁体字共有28个笔画)的名义发出"征友启示",表示想相约志同道合者,结果只征到"两个半"朋友,那半个是中共党史上很有名的李立三,还有一个就是罗章龙。此时在长沙一中上学的罗章龙看到用古文写成的启示后,感到写此文者定是不凡之人,于是同毛泽东用信约定在长沙定王台相见。

　　据罗章龙回忆,二人首次相见后十分相投,谈了两三个小时,从天下大势、宇宙人生直谈到文史学,还谈到诗词改革问题。他们都感到,应以曲韵代诗韵,以新文学艺术代替"高文典册"与宫廷文学。二人都对《离骚》很感兴趣,认为应赋予新评价。

　　自这次结识之后,毛泽东与罗章龙在周末经常相约晤谈,二人还共游了屈原的故里、贾太傅祠、辛弃疾在长沙练兵的飞虎营,以及王夫之(船山)的家乡。在新民学会内,罗章龙也成为骨干。两人还屡屡以诗词唱和。据罗章龙回忆，1917年毛泽东游览了南岳衡山后，曾给他写过一封信，还附有一首游南岳的诗。可惜这首诗作在抗战中遗失，罗章龙本人回忆不起其中的句子。1958年，毛泽东回忆青年时期写的诗时也提到："当时有一篇诗，都忘记了，只记得两句：自信人生二百年，会当水击三千里。"

"自信人生二百年，会当水击三千里。"毛泽东在已经遗忘的那首诗中仅存的两句记忆，很可能就是出于与罗章龙的唱和之作。

1918年，罗章龙决定赴日本留学，并为自己起了个东洋名字为纵宇一郎。临行前，毛泽东和何叔衡等新民学会成员在长沙北门外平浪宫聚会，为他饯行。在分手之际，毛泽东书写七言律诗一首赠罗章龙。从这首长诗的全文，可以看出作者很费了一番力气。据罗章龙回忆，毛泽东在赠送这首诗时告诉他说，这首诗费了三四个夜晚才脱稿，由此也可见二人相交和友情之深。

这位被毛泽东写诗送行的"纵宇一郎"，事后却没有到日本留学。在毛泽东等长沙新民学会朋友开完送别会后，罗章龙到了上海，正遇上爱国学生抗议日本侵华行径，因而未能成行，随即北上于1918年秋考入北京大学哲学系。

1918年秋天，毛泽东于第一师范毕业，也从长沙到北京找工作。他先找到已经到北京大学当教授的恩师、也是后来的岳父杨昌济，经杨昌济认识了图书馆主任李大钊，于是在北大图书馆当了管理员。当时的北京大学规模很小，校址在城内北海东面的沙滩，在这里毛泽东又与罗章龙相逢并且经常来往。已经在北京大学正式入学的罗章龙还介绍了校内部分有新思想的师生与毛泽东相识，并推荐了一些刚刚出版的新书。毛泽东在北京最早接受马克思主义思想时，主要是受陈独秀、李大钊的影响，应该说罗章龙在某些方面也不无帮助。

1921年中国共产党成立时，罗章龙与毛泽东一样，成为最早的党员，二人后来又一起在上海党中央的秘密机关工作。1923年党的"三大"召开后，毛泽东作为中共中央局秘书在上海中央机关主管日常事务，与罗章龙、蔡和森三家同住闸北区三曾里的一个小楼内。在外人眼中，这三户湖南人很自然地聚居一处，其实此楼正是中国共产党的中央机关所在地。

毛泽东与罗章龙的友谊维系了十几年。1927年毛泽东离开城市与"山大王"交友，走上了到农村领导武装斗争之路，罗章龙却留在中共中央机关。在转战赣闽地区的艰苦斗争中，毛泽东与外界亲友的书信联系基本中断，却在通过地下交通员向上海的中共中央送报告时给罗章龙转过信，表示怀念之情。

可惜的是，罗章龙自己在政治上的失足使他与毛泽东这位老友分手。1930年因反"立三路线"出现了严重的党内纠纷，翌年1月在中共中央四中全会上罗章龙坚决反对王明等"国际派"，又不听劝告组织"第二党"，另立第二中央，采取了党内所不允许的分裂手段，以致被中共中央开除党籍。在江西中央苏区的毛泽东不久得知了此事，从政治原则立场出发也同自己的这位老朋友断绝了关系。全国解放后，罗章龙又找到中共中央，毛泽东出于某些考虑没有见他，却吩咐有关单位好好安排他的工作和生活。后来，罗章龙担任了湖北财经学院的教授，享受党外民主人士专家的待遇。毛泽东到武汉视察时，曾专门过问罗章龙的情况，还指示要为他修楼。如此对待在历史上有严重失足行为的老友，毛泽东既不失政治原则，也表现出身为全国人民领袖后仍不忘故旧。

1978年召开中共中央十一届三中全会之后，罗章龙被安排为中国革命博物馆顾问，虽然没有能恢复党籍，却为研究党史提供过许多宝贵的材料。他还撰写了《回忆新民学会》等作品，深情地追述了当年与毛泽东的友谊，并发表了珍藏了六十多年的毛泽东所写的《送纵宇一郎东行》那首，以怀念故人,这首珍贵的作品才重现在世人面前。

毛泽东在青年时代以诗词交友,与他有唱和的朋友有好几位。除罗章龙之外,毛泽东在第一师范关系最好的朋友应属蔡和森和萧子升。蔡和森在第一师范与毛泽东一样以才华横溢著称,也能写诗,他虽然早在1931年便因叛徒顾顺章出卖而牺牲,仍留下一些雄劲的诗作,不过在第一师范期间毛泽东与他的唱和之作至今仍找不到。在第一师范的时候,毛泽东不仅与萧三经常交往,同他的哥哥萧子升(后改名萧瑜)一度还成为往来最密切的朋友。此人当时也愿意吟诗作赋,因而与毛泽东经常在一起赋诗。

据当年第一师范的同学回忆,毛泽东与萧子升经常在湘江边散步,谈论诗文,不过后来已很难找到留存下来的文字。1917年夏,毛泽东与萧子升二人故意一分钱不带,漫游湖南五个县,游学打秋风,送字送诗,沿途两人就吟诗联句。2007年中央电视台播出的电视剧《恰同学少年》中,就以很多镜头形象地表现了这段十分有趣的经历。

五四运动之后,随着马克思列宁主义传入,毛泽东与萧子升这两位昔日的密友在政治上分歧日益加大。萧子升坚持信奉无政府主义,毛泽东则由主张无政府主义转为信奉马克思主义。1919年萧子升去法国留学后,与毛泽东还有大量通信,后来回国还曾专门去看望过毛泽东、杨开慧夫妇,不过毛萧见面时已是话不投机。萧子升后来放弃了当初与毛泽东等共同立下的"改造中国与世界"的宏愿,甘心加入反动政权,先应北洋军阀政府之邀任教育部第一秘书,"四一二"反革命政变后又投靠国民党南京政府就任矿业部次长。1936年春毛泽东在陕北同美国记者斯诺谈话时,曾以鄙夷的语气谈起这个萧子升说:"和我一同旅行的萧瑜这个家伙,后来在南京在易培基手下当国民党的官。易培基原来是湖南师范学校的校长,后来成了南京的大官,他给萧瑜谋到北京故宫博物馆管理员的职位。萧瑜盗卖了博物馆里一些最珍贵的文物，于1934年卷款潜逃。"全国解放后，萧子升寓居南美洲，毛泽东念起当年旧情，曾找人传话希望他回来。萧子升却不肯领情，并曾写过一本书，书名为《毛泽东和我曾是"乞丐"》，就记述了1917年那次"身无分文，出游千里"的特殊经历。

据萧子升后来回忆，在游历途中，有一次两人看到湘江边风光秀美，于是用共作一诗、相续成篇的方法联句吟道：

> 萧子升：晚霭峰间起，
>
> 归人江中行。
>
> 云流千里远，
>
> 毛泽东：人对一帆轻。
>
> 落日荒林暗，
>
> 萧子升：寒钟古寺生。
>
> 深林归倦鸟，
>
> 毛泽东：高阁倚佳人。

据萧子升回忆，毛泽东在途中还作了不少诗，可惜他已经回忆不起多少，只零零星星写下一点描述风光的句子。不过从中也可看出，毛泽东才思敏捷，一些诗句能脱口而出，使地方的名儒都称赞不已。

萧子升的弟弟萧三的情况却截然不同，他在少年时代与毛泽东结下的友谊能长期维持下去。在长沙第一师范读书时，萧三喜欢背诵《唐诗三百首》，读《袁子才诗话》，同时也酷爱音乐，喜欢唱歌、弹风琴、吹洞箫和笛子，志趣明显偏向于文艺。此时毛泽东也喜欢吟诗，与萧三有共同爱好，不过却不大留心于音乐艺术方面的事，愿看哲理方面的书籍，志向是指点江山，从事于政治活动。毛泽东与萧氏兄弟在一起留下的一些诗作，据说萧三后来还能记起一些，却大都未能整理出来公诸于世。

5. 青年毛泽东留下过哪些婉约的爱情词作？

青年毛泽东作为一个"挥斥方遒"的高才书生，在长沙城内是人所瞩目的俊杰，自然也有丰富的感情生活。过去在神化领袖的时候，人们出于为尊者讳，长年避而不谈这些。其实，领袖是人不是神，是人就会有七情六欲，如今我们如实地讲述毛泽东年轻时的感情生活，不但不会有损领袖的形象，还能看到他为了追求改造社会的理想而牺牲某些个人情感。

毛泽东在第一师范和新民学会时结识的朋友当中，有一位是长沙城内才貌双全的富豪之女陶毅，字斯咏。她生于 1896 年，原籍湘潭，于 1916 年考入朱剑凡先生创办的周南女子中学师范二班，与著名的女革命家向警予同窗。当年陶斯咏和向警予一样，是一位思想十分开放激进的女性，被称为"周南三杰"之一。在 1918 年成立的新民学会中，出色的女生有陶毅（斯咏）、任培道和向警予三人。向警予与蔡和森恋爱并走上革命的道路，于 1928 年在武汉被捕英勇牺牲。陶、任二人对毛泽东虽表敬佩却不赞成共产主义思想，她们后来也都成为知名人物。陶斯咏成为女教育家，曾开办学校，却不幸于 1931 年早早病逝。任培道到美国留学，回国后曾任校长，随国民党去了台湾并担任过立法院委员。

2007 年中央电视台播出的《恰同学少年》，以许多镜头显示了陶斯咏的形象。在新民学会初期的多次讨论中，陶斯咏主张"教育救国"，也支持毛泽东"改造中国与世界"的口号,不过后来她不赞成也未走暴力革命的道路。毛陶之间由于家庭和政治追求等原因,最后走上了不同的道路。

1918年6月,毛泽东从湖南第一师范毕业。这时蔡和森从北京来信相告,说经过已到北京大学任教的杨昌济先生介绍,湖南学生赴法勤工俭学之事颇有可为,希望大家来京群策群力,将留法运动发展起来。得此消息,许多湖南学生奔走相告,各自筹措旅费。8月中旬,毛泽东带着25名同学从长沙起程赴京,这是他第一次到北京,在那里又同自己恩师的女儿开始了恋爱。

毛泽东与杨开慧的相识,缘于自己的恩师、后来成为岳父的杨昌济。杨昌济于本世纪初留学于日本、英国,在国外学习10年后回到长沙任伦理学、教育学教授,一时成为闻名三湘的学者名流。他在长沙换过几个住处,寓所门上都挂着一块尺来长的铜牌,上面用隶书镌刻着"板仓杨"三个大字。从1913—1918年,这块铜牌在长沙城内不管悬于何处,总有莘莘学子慕名前来求教。在1914年,第一师范的学生毛泽东也成为跨入"板仓杨"宅院的青年学生中的一员。

对这个出身农家、当过兵并操一口浓重的湘潭口音,却又"资质俊秀"的高个子青年,杨昌济很快就产生了兴趣。他在1915年4月的一篇日记中,曾这样写道:

"毛生泽东,言其所居之地为湘潭与湘乡连界之地,仅隔一山,而两地之语言各异。其地在高山之中,聚族而居,人多务农,易于致富,富则往湘乡买田。风俗纯朴,烟赌甚稀。渠之父先亦务农,现业转贩;其弟亦务农,其外家为湘乡人,亦农家也。而资质俊秀若此,殊为难得。余因以农家多出异材,引曾涤生、梁任公之例以勉之。毛生曾务农二年,民国反正时又曾当兵半年,亦有趣之履历也。"

　　对毛泽东来说，学识渊博的杨昌济成为当时他最崇敬的导师。在几年时间里，他和蔡和森、萧子升、陈昌等同学成了杨家的常客，每次登上门都伴随着一场长达数小时的学术上的求教和反复探讨，杨昌济和夫人还经常留这些学生吃饭。据当事者回忆，杨太太待人和蔼，烧得一手好菜，总是给学生们做很多吃的。日子久了，经常到杨家吃饭的这些青年有些不好意思，提出要交伙食费。杨昌济回答说如果愿意也未尝不可，因为外国有些大学也有这种做法，实际上他只允许自己喜爱的这些学生象征性地交一点钱。

　　在杨家的庭院里和餐桌上，毛泽东认识并熟悉了恩师的千金杨开慧。据当时与毛泽东、蔡和森一同经常出入杨家的萧子升后来回忆杨开慧说：

　　"她身材小巧玲珑，有张圆润的脸庞，长相有点像父亲，眼睛不太大，眼窝深眍。但她的皮肤却很白皙，全然没有继承父亲那样的黧黑。……吃饭的时候，开慧和她妈妈也加入我们。她们进来时，我们谁也不说话，仅仅礼节性地点头示意。整整两年，每个星期我们都是在飞快地、一声不响地埋头吃饭。当然我们并没有忘记别人的存在，谁也不可能表现得旁若无人。"

　　对于老师家中的女眷，那时的学生自然是应该采取这样的态度。不过杨家对这些青年们虽然都热情欢迎，却也有亲疏之分。杨昌济在长沙任教的5年间，弟子以千百数计，其中只对毛泽东、蔡和森二人格外看重，他曾对友人说过："二子海内人才，前程远大，君不言救国则已，救国必先重二子。"

　　杨昌济的夫人向振熙、儿子杨开智和独女杨开慧受父亲影响，对毛泽东、蔡和森这"二子"也有特殊的好印象。起初，年仅十几岁的杨开慧只是把常来常往的"润之"当成大哥哥，有时旁听他们谈讲学问和议论时政，毛泽东则把师父家中的这个小名"霞姑"的独女当做小妹妹。1918年6月,杨昌济应北京大学校长蔡元培之聘,赴北大任文科伦理学教授。杨开慧也随父母到北京,住进了地安门豆腐池胡同9号。同年9月间,25岁的毛泽东也来到北京。经杨昌济向李大钊推荐,毛泽东到北京大学图书馆当了管理员,每月工资8块银元。后来美国记者斯诺访问陕北时,毛泽东曾向他回忆这段经历说:

"我自己在北京的生活条件很可怜,可是在另一方面,故都的美对于我是一种丰富多彩、生动有趣的补偿。我住在一个叫做三眼井的地方,同另外七人住在一间小房子里。我们大家都睡到炕上的时候,几乎挤得透不过气来。每逢我要翻身,得先同两边的人打招呼。"

当然,除了住宿方面的"可怜"条件外,进入文明古都的毛泽东在这里也受到了全新的文化氛围熏陶。这个出身农家的湖南青年,把大多数业余时间花在花园和古老的庭台楼宇之间,也引起了诗情和遐想。毛泽东对这段时间的生活也有特别美好的回忆,他看到了北方的早春,看到北海仍在结冰而树上已长出花骨朵的景色,以及带有冰晶的柳条。在这种如诗如画的景致中,毛泽东并不是孤单。在北京的日子里,他在工作之余经常往来杨家。这时的杨开慧已经出落成17岁的大姑娘,异地得遇同乡知己,又是过去敬佩的人,由此而生情。在紫禁城外的护城河边、北海的垂柳下,留下了二人并肩而行的情影。

按照毛泽东1936年在陕北对斯诺回忆第一次北京之行时所说:"在这里,我遇见而且爱上了杨开慧。她是我以前的伦理学教员杨昌济的女儿。"1919年春天毛泽东经上海返回湖南,临行前与杨开慧相约建立通信关系。随后杨开慧写出的信,称呼只是一个字:"润";毛泽东的回信称呼也是一个字:"霞"。同年12月,毛泽东又率领湖南驱张代表团到北京,这一次到京有时就住在杨昌济家中。不过此刻正值杨昌济病重住院,毛泽东经常到医院看望。1920年1月杨昌济病逝,毛泽东帮助杨家料理后事并接待吊唁的人。在外人看来,这个青年的身份已不仅是杨家门生,而且成了家庭中的一员。

杨昌济病逝后,夫人携女返乡。不久,杨开慧在李淑一父亲的帮助下到长沙上中学,毛泽东则主持新民学会的工作。此刻在杨开慧心目中,毛泽东已是与自己生命紧密相连的爱人,甚至可以为他去死,杨开慧留下的日记中也表达了这种心愿。

据杨开慧的好朋友李淑一回忆,这时毛泽东曾向杨开慧写过情诗。李一纯(后来曾先后嫁过李立三、蔡和森)曾直接问毛泽东,到底是否喜欢"霞姑"? 毛泽东明确表示自己心爱的人只有霞姑。

1920年末两人采取了新式结合形式,不做嫁妆,不坐花轿,不举行婚礼,只是寒假相约到长沙东郊的板仓杨家过春节,按他们的话就是"不作俗人之举"。作为一个感情丰富的诗人,毛泽东自然也会用诗词表达自己内心的男女之情。毛泽东所写的《虞美人·枕上》,应该是给杨开慧的表达感情之作。

毛泽东后来自我总结说:"我的兴趣偏于豪放,不废婉约。"现在留存的毛泽东诗词的确充满了豪放之气,而情诗中却也有婉约风格,尤其是青年毛泽东比较喜欢读李后主的词,也受这位亡国之君的风格影响。现在毛泽东诗词中典型的婉约之作,正是标明写于1921年的《虞美人·枕上》,也是他留下的一首罕见的爱情诗。当年杨开慧的好友李淑一曾记下过此词,在粉碎江青为首的"四人帮"后才对外披露。1983年5月22日,《解放军报》首次公开披露此词,由于是李淑一多年前的回忆,文字不一定准确。1994年12月26日,这首词在《人民日报》上正式发表,并刊登了毛泽东修改定稿的手迹。

虞美人·枕上

堆来枕上愁何状,

江海翻波浪。

夜长天色总难明,

寂寞披衣起坐数寒星。

晓来百念都灰尽,

剩有离人影。

一钩残月向西流,

对此不抛眼泪也无由。

　　据毛泽东身边的工作人员回忆,他生前十分珍惜这首词,虽未公开发表却多次修改。1961 年,距写作这首词四十多年时,毛泽东又书写了这首词,赠送卫士张仙鹏并嘱咐由他保存。此后毛泽东又作修改,直至 80 岁时即 1973 年冬,毛泽东又交保健护士吴旭君用毛笔抄清保存,最后修定了全文。

　　这首动人的爱情词作,据当事者李淑一等人回忆是写给杨开慧的。尽管近年有些研究者存在异议,我认为这一判断是对的。这首词标明创作于 1921 年,创作这首《虞美人·枕上》时应该正值蜜月时期,或新婚不久,全文缠绵深情,这表达了青年毛泽东对杨开慧情深意长、缠绵悱恻的情感。尤其是"堆来枕上愁何状,江海翻波浪",颇有李后主风格。

除了这首《虞美人·枕上》，毛泽东还写过一首既有婉约风格也带有些豪气的《贺新郎》，他本人标明写于 1923 年 12 月。这首词略有悲凉之气，而且像"眼角眉梢都似恨，热泪欲零还住"以及"汽笛一声肠已断，从此天涯孤旅"一类的词句，颇有古代"长亭送别"的风格，可谓情诗的佳作。

6.《贺新郎》到底有几个稿本？

毛泽东去世后的两年后，他所写的一首《贺新郎》于 1978 年 9 月在《人民日报》公开发表。当时发表的全文是：

> 挥手从兹去，更那堪凄然相向，苦情重诉。
> 眼角眉梢都似恨，热泪欲零还住。知误会前番书语。
> 过眼滔滔云共雾，算人间知己吾与汝。
> 人有病，天知否？
>
> 今朝霜重东门路，照横塘半天残月，凄清如许。
> 汽笛一声肠已断，从此天涯孤旅。凭割断愁思恨缕。
> 要似昆仑崩绝壁，又恰似飓风扫寰宇。
> 重比翼，和云翥。

这首词发表后，有些专家感到"要似昆仑崩绝壁，又恰似飓风扫寰宇"这类词句不像是那个时代的话语，却有些像 20 世纪六七十年代改写的。

果然,后来披露出的手稿便有三个稿本,改动都很大。上面发表的是1973年毛泽东最后改动的一稿,而1937年毛泽东在延安书赠女作家丁玲的一稿(现在能看到此词最早的稿本)全文是:

挥手从兹去,更那堪凄然相向,惨然无绪。

眼角眉梢都似恨,热泪欲零还住。知误会前翻书语。

过眼滔滔云共雾,算人间知己吾与汝。

曾不记:倚楼处?

今朝霜重东门路,照横塘半天残月,凄清如许。

汽笛一声肠已断,从此天涯孤旅。凭割断愁思恨缕。

我自精禽填恨海,愿君为翠鸟剿珠树。

重感慨,泪如雨!

1961年春,毛泽东书赠副卫士长张仙鹏的稿本则是这样的:

挥手从兹去,更那堪凄然相向,苦情重诉。

眼角眉梢都似恨,热泪欲零还住。知误会前翻书语。

过眼滔滔云共雾,算人间知己吾与汝。

人有病,天知否?

今朝霜重东门路,照横塘半天残月,凄清如许。

汽笛一声肠已断,从此天涯孤旅。凭割断愁思恨缕。

> 我自欲为江海客,更不为昵昵儿女语。
>
> 山欲堕,云横翥。

1994 年这首词在《人民日报》重新发表时,与 1978 年发表的不同之处,是在《贺新郎》这一词牌后面加上了"别友"二字,并注明根据不久前发现的毛泽东手迹。1973 年毛泽东在修改这首词时,亲自加上"别友"二字。由此,一些专家就引出一个问题,这首词到底是送给谁的?

其实,早在 20 世纪 80 年代就有当事者对解释这首《贺新郎》是赠给杨开慧的说法提出异议。当年与毛泽东同在新民学会、并与陶斯咏也很熟悉的易礼容老人便提出异议,认为可能是写给陶斯咏的。

人到老年时常常愿意怀念自己的初恋。如陆游八十来岁时还特别怀念年轻时被迫离异的爱妻唐婉,写下了著名的《沈园》——"梦断香消四十年,沈园柳老不垂绵"。毛泽东直至 80 岁时,在改词中还特别标明的这位女"友"到底是谁呢?

1923 年 12 月,毛泽东与杨开慧已结婚三年,并有了两个孩子,与她分别应该写"别妻"。毛泽东却特意加上"别友"二字,这说明词中描绘的那位含泪的美丽情影,那个"人间知己"应该是一位女朋友。

据湖南学者彭明道考证,这首词应该是毛泽东写给他的女友陶斯咏的。我同意这种意见,并且认为毛泽东在与杨开慧婚后仍重视与陶斯咏的情感,这并不损害毛泽东的形象,恰恰还说明他为了革命理想能不惜割舍凡人很难切断的恋情。中央文献出版社出版的《毛泽东年谱》就载明,毛泽东与杨开慧结婚半年多后,于 1921 年 7 月间去上海参加中国共产党第一次全国代表大会,会后从上海专程去南京看望陶斯咏,可见毛泽东在婚后仍珍惜过去的感情。1923 年 12 月,毛泽东从中共中央所在地上海起程去广州,陶斯咏前往送别是很有可能的。

　　毛泽东与陶斯咏有很深的情感却最终未能结合,更能表现出当年这位"润之先生"的志向高远。论才华,陶斯咏在长沙有"江南第一才女"之称,论容貌更是美人,论家庭出身更是省内大富豪之女。陶本人对毛泽东一向敬慕,后来终身未嫁,至1931年不幸病逝,年仅35岁。如果当初毛泽东追求荣华安逸的生活,娶陶斯咏是最好的选择。毛泽东却走了一条追求暴力革命的道路,与陶斯咏追求的教育救国的和平改革完全不同,政治上的分歧是两人未能走到一起的最主要原因。杨开慧在政治上则完全跟随毛泽东,于1921年就加入了共产党,后来又甘当斗争中的助手。

　　试想一下,像陶斯咏这样一个习惯于优越富裕生活的小姐,能跟随毛泽东下乡搞农民运动吗?能去打土豪、分田地和上井冈山吗?能过穿草鞋、吃红米饭、喝南瓜汤的日子吗?这显然是很难办到的。只有像杨开慧、贺子珍这样的女性,才能跟随毛泽东历尽革命斗争和战火中的艰辛。去年热播的电视剧《恰同学少年》,就对毛泽东与陶斯咏最终未能结合表示了深深的感叹,这虽然是艺术作品,却也反映了一些实情。当我们重温《贺新郎·别友》这首词并研究其创作始末时,感叹同时也赞叹的是,毛泽东毕竟是一位伟大的革命家,政治追求最终压倒了个人情感。

7. 毛泽东晚年又是怎样追忆"骄杨"的?

　　1927年8月31日,毛泽东从长沙搭上去株洲的火车,去湘赣边领导暴动,从此走上与"山大王"交朋友、搞武装斗争之路。当毛泽东在井冈山进行斗争时,杨开慧带着孩子住在板仓老家,时时惦念着丈夫。因关山远隔,音信难通,1928夏天,杨开慧的堂弟杨开明作为中共湖南省委代表去井冈山时，曾向毛泽东带去过堂姐的讯息。不过他在返回后未到板仓即被捕，不久牺牲，未能向杨开慧报信。

1929年毛泽东在离开井冈山后的转战途中，仍惦记着杨开慧和孩子们。因李立三原先的妻子李一纯是杨开智之妻李崇德的姐姐，这时杨开智夫妇还在长沙并常回板仓老家，考虑到这重关系，毛泽东曾向在上海中共中央工作的故人李立三写信，希望通过他与杨开慧建立联系。可惜的是，在当时白色恐怖的情况下，交通困难，毛泽东与杨开慧始终未能再建立联系。

独自守在家中的杨开慧，一直得不到毛泽东的音讯，只能从国民党的报纸上看到一些对"朱毛匪部"的歪曲报道，时时都在挂念着丈夫。1930年7月，彭德怀率领红三军团一度攻下长沙。8月间毛泽东又率红一军团攻打长沙，因敌我力量悬殊过大撤回江西苏区。得知红军攻下长沙后，杨开慧和母亲、孩子一度十分兴奋，都认为毛泽东马上要回来，当时没有赶到城内去找。随后红军很快撤退，湖南军阀何键疯狂报复，到处搜杀共产党人及其家属，住在板仓老家的杨开慧不幸被捕。杨开慧的母亲向振熙已找到杨昌济当年的故旧、南京政府要人蔡元培以及名人章士钊等，请他们发电报要求保释。湖南当地也有些敬慕杨昌济的人，出面组织营救。何键得知后，出于对共产党和毛泽东的极度仇视，急忙下令立即行刑，并回复蔡元培等称接到电报前已经处决。同年11月14日，杨开慧在长沙被杀害。

此时在江西正指挥红军进行反"围剿"斗争的毛泽东，从报纸上得知杨开慧牺牲的消息，当即寄信给杨家说："开慧之死，百身莫赎"，同时寄钱修建墓碑。全国解放后，毛泽东还一直向杨开慧的母亲寄钱，并一再表达对亡妻的思念。

毛泽东走向武装斗争的道路后，所写诗词多言风云之志，少缘儿女之情。不过到了晚年,毛泽东仍有一些怀念旧情的婉约之作,写于 1957 年 5 月 11 日的《蝶恋花·答李淑一》,就是代表作之一。

蝶恋花·答李淑一

我失骄杨君失柳,

杨柳轻飏直上重霄九。

问讯吴刚何所有,

吴刚捧出桂花酒。

寂寞嫦娥舒广袖,

万里长空且为忠魂舞。

忽报人间曾伏虎,

泪飞顿作倾盆雨。

词中第一句就是"我失骄杨君失柳",由"杨""柳"二位烈士的姓氏生发联想,驰骋想象,构思绝妙,于婉约中见豪放,堪称大手笔。

李淑一是杨开慧年轻时的好朋友,解放后在长沙当教师。她的丈夫柳直荀曾是毛泽东在湖南从事革命斗争中的老朋友,后来在洪湖地区错误的"肃反"中遇难,被追认为烈士。李淑一写信并附词给毛泽东,怀念自己的丈夫,毛泽东在回信中附和词却将柳直荀与杨开慧联系在一起,寄托怀念之情,说明事过几十年仍不忘亡妻。

按照对女子的惯用称呼,本应该用"娇"字。1962 年,推荐杨昌济去北京大学任教的章士钊曾向毛泽东请教:《蝶恋花》中的"骄杨"当作何解时？毛泽东说："女子为革命而丧其元（头），焉得不骄？"

1961 年毛泽东曾给周世钊等人写过一首《七律·答友人》，里面有"斑竹一枝千滴泪，红霞万朵百重衣"两句，也表现了一种感情寄托。这种将个人爱情与革命激情结合在一起，对于一向重政治的毛泽东就更有特殊意味。据 1975 年曾在他身边陪读古典文学的芦荻回忆，毛泽东解释自己所作的《七律·答友人》中的"斑竹一枝千滴泪，红霞万朵百重衣"时，讲过这两句"就是怀念杨开慧的，杨开慧就是霞姑嘛！"

值得一提的是，毛泽东在他生命临近终结的最后一年里，仍然表达了对妻子的怀念。特别是随着对江青的厌恶感日益增长，这种怀念也越发明显。1975—1976 年在毛泽东身边负责照料生活的孟锦云在回忆录中说，尽管此刻这位伟人已经病魔缠身，并日渐衰弱，却仍然是一个感情世界非常丰富的人。他要身边的女工作人员剪短发，并说前面有刘海，后面齐齐的那个样子好看，其实讲的就是杨开慧那种发型。当她们穿上江青送的衣服时，毛泽东就显得十分恼火，叫她们不要穿，甚至还向身边的孟锦云问过自己如果与江青离婚会怎么样。当然，由于已经被神化了的领袖的身份，加上江青与文化大革命的关系密不可分，这时毛泽东已不能取消这位"旗手"的政治地位和身份。不过毛泽东却通过对杨开慧的追思，表露出对自己后来婚姻的遗憾以及对初恋的怀念。

毛泽东在世时，由于神化领袖的个人崇拜等原因，他的个人感情生活对外极少提及。在 20 世纪六七十年代正式公开出版的《毛主席诗词》中解释"骄杨"，只能注释为"杨开慧是李淑一的好朋友"，而对"我失"一句的含意则讳而不谈。直到江青为首的"四人帮"被一举粉碎，毛泽东与杨开慧的爱情和夫妻关系才逐渐公诸于世，使人们知道这位历史的伟人也是一个有血有肉的凡人，同样有着七情六欲。

8. 为什么毛泽东同意发表的最早一首词是《沁园春·长沙》?

"书生意气,风华正茂"时代的毛泽东,曾以自己的诗词之作表达了亲情、爱情和友情,以及自己在"苍茫大地"上"主沉浮"的宏伟志向。不过,毛泽东成为领袖之后,却不愿意发在学生时期的诗作。

毛泽东生前同意发表的最早的一首诗词,是 1925 年秋天所写的《沁园春·长沙》。当时毛泽东秘密离开韶山去长沙,经那里再去广州担任国共合作时的国民党中央代理宣传部长,这首词大概是离长沙时所作。

毛泽东写《沁园春·长沙》一词,已经 32 岁,是一个职业的革命家,在中国共产党和国共合作后的国民党内政治地位都很高。在此之前的十几年中,也就是在"同学少年,风华正茂"时他也写过许多诗,而且解放后也找到几首,如诗人萧三等还会背,为什么毛泽东不同意发表呢? 我个人感觉有两方面原因,第一是毛泽东感到此前的诗词在艺术上不甚成熟,第二个原因也是主要的原因,是感到过去的政治倾向不完全正确。

毛泽东青年时期的信仰追求非常复杂,从改良主义、无政府主义、空想社会主义最后走向马克思主义。从他在长沙求学时创作的诗词可以看出,毛泽东有忧国忧民之心,开始却想学习日本的道路,后来又想以西欧为师。1918 年毛泽东从第一师范毕业后,曾交友组织自修大学,提倡"工读互助",还不是接受的科学共产主义理论,而是带有空想社会主义倾向。这些比较纷杂的思想,在他早年的诗作以及所写的《湘江评论》中的一些文章中都有表现,这恐怕是毛泽东成为领袖后不愿再发表那些"指点江山,激扬文字"的作品的主要原因。毛泽东不仅不愿发表 1925 年以前的诗作,连 1925 年以前的文章都不愿发表,后来《毛泽东选集》第一卷收录的第一篇文章《中国社会各阶级分析》，也标明写于 1925 年 12 月。

按照毛泽东对斯诺所说的，1920 年他接受了马克思主义，对于青年时代与朋友们对人生道路的探索，他还是非常珍惜。1925 年那个"独立寒秋"，毛泽东站在橘子洲头，联想到"携来百侣曾游，忆往昔峥嵘岁月稠"，所写下的《沁园春·长沙》，恰恰是对"书生意气，挥斥方遒"的长沙求学时期做了一个艺术的诗化总结。

在毛泽东诸多诗词中，最能表达志向的就是两首《沁园春》，一首是这篇"长沙"，另一首便是"雪"。从艺术上讲，《沁园春·长沙》是绝佳之作。古代文人悲秋成为一种思维定式，写秋景大多有"肃杀"之感。毛泽东所写的秋色，却是"万山红遍，层林尽染"的欣欣向荣景象，以艺术浪漫与现实描写相统一，表达出激流勇进的斗争精神，在千古诗词作品中可谓独树一帜。

如果从意境上分析，这首《沁园春·长沙》表现了"万类霜天竞自由"和"谁主沉浮"这二者并列和统一，正是青年毛泽东思想深处的心灵二重奏的形象体现。青年毛泽东接触过自由民主思想，在词中有着"鹰击长空，鱼翔浅底，万类霜天竞自由"的美好描写。另一方面，毛泽东又发出"问苍茫大地，谁主沉浮"的呼声，明显表达出问鼎天下的气势，以及个人强烈的主体意识。从青年毛泽东到晚年毛泽东，身上都有着矛盾的性格和追求，在这首词中也以艺术语言生动地表现出来。

《沁园春·长沙》是毛泽东对青年时代志向的诗化总结。在第一师范时的毛泽东，经常洗冷水浴，到湘江畅游，口号是"文明其精神，野蛮其体魄"。他认为：与天斗，其乐无穷！与地斗，其乐无穷；与人斗，更是其乐无穷。正是由于有这种盖世气概，进入中年时期的毛泽东进入汹涌的政治浪潮中，而且能够"到中流击水，浪遏飞舟"。告别了青年时代的毛泽东所击之水，是深入农村，按照他后来的诗词所表达，就是"红旗卷起农奴戟"，就是"霹雳一声暴动"。

第二章 井冈豪气

　　追溯起毛泽东的诗词创作，在青少年时代便已开始。毛泽东生前同意发表的最早的一首诗词，是32岁时所写的《沁园春·长沙》，这首词在某种意义上是为"同学少年，书生意气"的时期画上了一个句号。从1927年以后，毛泽东不再着重抒写个人情感，而以"主沉浮"的使命感把波澜壮阔的革命斗争与诗词结合在一起。他的诗词是战斗号角，并成为革命战争的史诗。喜好毛泽东诗词的人通读他的诗作，也会感到这一诗风的变化。

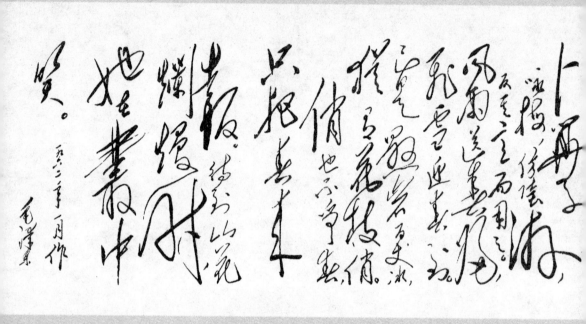

卜算子

读陆游咏梅词，反其意而用之。

风雨送春归，
飞雪迎春到。
已是悬崖百丈冰，
犹有花枝俏。

俏也不争春，
只把春来报。
待到山花烂漫时，
她在丛中笑。

一九六一年十二月作

毛泽东

1. 为什么从 1927 年起毛泽东的诗词创作风格发生 变化？

1927 年,是毛泽东人生奋斗历程的一个转折点和里程碑,这一年他告别了在城市里的文人生活,走上了井冈山,自称去当"革命的山大王",此后 10 年间转战万里,经常在马背和担架上看书和吟诗。如果从毛泽东诗词创作的轨迹看,1927 年同样也是一个转折点,从这时直至 1949 年全国解放,他的诗词多系行军打仗的纪实之作。如果严格以诗词格律的平仄而论,他有些诗词还不合拍,不过却充满了豪放之气,很难看到婉约之作。

1957 年 1 月 16 日,毛泽东在南宁会议上讲话,对杜甫、白居易和"三李"作出比较说,不愿看杜甫、白居易那种哭哭啼啼的作品,光是现实主义一面不好,李白、李贺、李商隐,要搞点幻想,太现实就不能写诗了。毛泽东喜欢"三李"的诗,尤其喜欢李白的豪放飘逸,不喜欢杜甫的沉郁泥实。杜甫的诗过去受人推崇,特别是其中的怨伤情调,是因为如同纪实一样描绘了唐朝安史之乱时的悲惨图景,例如像《石壕吏》《新婚别》那样直白地表现了战争给民众带来的苦难,被人认为是"诗史"或"史诗"。毛泽东写诗词创作充满乐观主义精神,自然不会欣赏杜甫的凄凉情调,不过从诗风而论,毛泽东从组织秋收暴动到上井冈山后的诗风,倒是有些接近于杜甫的史笔,而且体现为诗中见史、史中见诗,艺术上比杜甫更胜一筹。

经过从1913—1918年在长沙的师范学校求学,接着到北京大学图书馆当管理员,又返回长沙担任教员,毛泽东经历了由从师孔孟儒学,信崇曾国藩、康有为、梁启超、康德等人乃至追求日本新村主义的道路,最终转变为一个马克思主义者。1921年他参加了中国共产党的创建,其后着力于从事工人运动,1924年以后又在改组的国民党中央任中央候补委员、中央宣传部代理部长,不久又在广州、武昌开办农民运动讲习所。截至1927年大革命失败,年仅34岁的毛泽东虽然从事社会活动仅为时几年,就已是中国政治舞台上的显赫人物,以至国民党政府在全国首批"清党"的通缉名单中也将他与陈独秀等人列在头十几名之内。从这时毛泽东所具备的个人素质来看,他已经是一个初步成熟的革命家即政治家、策略家,一个擅长领导群众特别是有"湖南农民之王"称号的组织家,一个长于思索和思辨的哲学家,同时又是书写古文、时文都才华横溢的文章家,还是具有浪漫想象气质的诗人。然而,这时的毛泽东恰恰不是军事家。

毛泽东领导武装斗争之前,曾经历过一个迷惘过程,这一点在1927年春天写成的《菩萨蛮·黄鹤楼》中表现得最为明显——

茫茫九派流中国,沉沉一线穿南北。

烟雨莽苍苍,龟蛇锁大江。

黄鹤知何去?剩有游人处。

把酒酹滔滔,心潮逐浪高。

这首《菩萨蛮·黄鹤楼》大概是毛泽东的政治诗中最压抑和凝重的一首。毛泽东于解放后注释这首词的写作时间时曾说："1927年，大革命失败的前夕，心情苍凉，一时不知如何是好。"词中"烟雨莽苍苍，龟蛇锁大江"两句，正表现了当时身为中共中央党委书记的毛泽东对形势变化的困惑；"黄鹤知何去？剩有游人处"这两句，又表现了作者的茫然。

据当年的故人回忆，1927年春天毛泽东住在距武昌黄鹤楼不远的长江边，在主办中央农民运动讲习所。面对危急形势，共产国际和中共中央却拿不出有效对策，毛泽东心情焦虑，在杨开慧陪同下经常游蛇山，并登黄鹤楼，这首《菩萨蛮》正是在此时所写。

黄鹤楼古称诗楼，李白来此都不敢题诗，因为崔颢已留下不可超越的千古绝唱——"昔人已乘黄鹤去，此地空余黄鹤楼……"上黄鹤楼往往令千古诗人迷茫，毛泽东此时却撇开黄鹤而望大江，由怅惘而奋发。他不但有苏东坡赤壁怀古时"人生如梦，一尊还酹江月"那样的慨叹，而且"把酒酹滔滔，心潮逐浪高"，改苏东坡的颓丧之情，显出执著和奋发。

毛泽东此时虽然是"心潮逐浪高"，却又"心情苍凉，一时不知如何是好"，这是由于眼看国民政府就要进行清共屠杀，还不知道应该选择什么道路。过去有一种传统的说法，是陈独秀右倾机会主义在1927年造成了大革命的失败，而在2001年纪念建党80周年时，中共中央党史研究室出版的最新版中共党史删掉了"陈独秀右倾机会主义"这一沿袭了几十年却不符合历史事实的提法。应该说，当时远在莫斯科的共产国际的错误，是导致大革命失败的最主要原因，此时尚不成熟的中共中央领导人不能独立自主地解决中国革命的问题，自然也负有责任。

苏联瓦解后，俄罗斯公布了许多历史档案。看到有关中国革命的一些历史记录，研究历史的人都不禁耳目一新。从俄罗斯档案中可以看到，在中国大革命期间，也就是从1923年到1927年，苏共中央政治局为讨论中国革命问题共开过 122 次会,作出过 738 个决议。如此算来,斯大林为首的联共(布)中央在中国大革命这三年多时间里,平均十天就要开一次会研究中国革命情况,平均两天发一个决议。在 1927 年国共关系接近破裂的紧张时刻,联共总书记斯大林、共产国际主席布哈林对中共中央的指示,是既要开展土地革命,又要联合武汉国民政府,其实这二者本身就是矛盾的。面对共产国际那些完全脱离实际的指示,陈独秀和其他许多中共领导人左右为难,毛泽东自然也会出现"一时不知如何是好"的迷茫。

当年,武汉国民政府下属军队的军官们大都是地主,共产党发动农民运动,所带来的复仇和重新分配财产、土地的要求,使南方地区特别是两湖广大农村很快出现了你死我活的阶级对立。那些被戴了高帽子游街,被抄家或"杀猪出谷"的老太爷们,以十倍的仇恨、百倍的疯狂,组织其掌握的地方武装挨户团,动员了其正在北伐军中当军官的儿子们,在国民党"分共清党"的旗帜下向共产党领导的农民运动反扑过来,一时无数农运积极分子及其家属被杀,多数农民刚刚获得的一点权益也全被夺回。那些尚存的农民运动的积极参加者们,此时到了非鱼死即网破,不进行武装反抗就无法生存的地步,即如同毛泽东后来一度最欣赏的平剧《逼上梁山》的情景一样。从哲学上讲,这是以激化矛盾来彻底解决矛盾,首先破坏原有矛盾存在的基础,迫使矛盾激烈冲突以达到新的重新组合,从而实现社会变革。这种动员群众、激化矛盾并引导其走上变革之路,即是革命家的作用所在。

1927 年 7 月中旬,武汉国民政府也步蒋介石"四一二"反革命政变的后尘,正式反共。8 月 7 日中共中央在汉口召开紧急会议,决定发动武装暴动反抗国民党。在八七会议上,毛泽东提出"政权是从枪杆子中得到的"这一名言,会后又以政治局候补委员和中央特派员身份前往湖南组织暴动,并在秋收起义受到挫折后率部走上井冈山。

　　"沧海横流,方显出英雄本色"。在历史潮流中随浪逐波者,只是常人之举;敢于反潮流超出常轨者,方成伟人之业。1927年大革命失败时毛泽东提出了"政权是由枪杆子中取得的"论断,这固然是人们应该称道的精辟总结。不过在这一时期党内许多人的认识水平已经达到了这一程度,中共中央也确定了武装夺取政权的总方针。毛泽东在这一时期独特超众之处,正在于提出了"上山"这一主张,随即又以率军上井冈的实践,向全党开创并展示了一条在中国唯一正确的武装夺取政权的道路。

2. 为什么说《西江月·秋收暴动》是毛泽东脱险后的作品?

　　1927年8月12日,刚在中共中央八七会议上当选政治局候补委员的毛泽东以中央特派员的身份乘船离开汉口,前往湖南。此次回湘,他全权代表中央,肩负两项任务:一是改组湖南省委,二是发动与领导秋收暴动。次日到达长沙后,毛泽东住进了岳父在城内的那座"板仓杨寓",为了避免遇到相识的人而在白天不出门,晚间才积极活动。8月30日,毛泽东就把妻子杨开慧送回板仓,要她照顾好母亲和三个孩子,次日便以前委书记的身份前往株洲和安源去组织秋收暴动。

　　9月初,毛泽东在安源期间在张家湾主持召开了布置秋收起义的军事会议,布置好当地的矿工暴动后,又于9月6日起程前往铜鼓亲自联络当地农军。9月9日,秋收暴动开始,然而这一天毛泽东遇到一生中最危险的一次经历,脱险后他于9月10日赶到铜鼓县找到农军,并亲自指挥其暴动。在这一面对险境和平生第一次迎接实战的接点中,毛泽东激发起诗兴,写下一首《西江月·秋收暴动》,其早期的全文是——

军叫工农革命,
旗号镰刀斧头。
修铜一带不停留,
要向平浏直进。

地主重重压迫,
农民个个同仇。
秋收时节暮云愁,
霹雳一声暴动。

　　这首词语言直白,全是大实话,而且平仄不完全协调,韵脚也显粗率。毛泽东审定出版诗词 37 首时,没有选入这一首,直至人民文学出版社 1986 年出版《毛泽东诗词选》才收入。毛泽东生前对这首词做过修改,如将"修铜"改作"匡庐","平浏"(平江、浏阳)改作"潇湘","秋收暴动"改为"秋收起义",可能意在借助诗意积淀使作品增色。不过修改之后毛泽东仍不愿公开发表,可能是这首《西江月》的艺术水平令作者不满意。

　　从毛泽东的人生历程和诗词创作轨迹而言,这首词是他走向一个全新阶段的诗化政治宣言。以打起镰刀斧头旗帜,"霹雳一声暴动"为开端,毛泽东由文人变成了军事统帅。而且这首词的创作时间,正是毛泽东死里逃生后的几天内,表现出了特殊的心情。

　　从词中所讲的"要向平浏直进"这句话,再对照秋收起义的时间表,可以推断出此词写于 1927 年 9 月 12 日至 13 日,正是毛泽东指挥农军向浏阳推进时,而 9 月 14 日农军在浏阳东门市失败,就不是"直进"而是开始撤退。

9月12日或13日，距离9月9日只有3～4天，而9月9日这一天是毛泽东一生中很特殊的日子。1927年的这一天，他被民团抓住差一点遇难，后来又在1976年这一天逝世。根据与毛泽东同行的潘心源当时向中央的报告，以及美国记者斯诺记录下的毛泽东自述，9月9日这一天毛泽东遇到了人生最危险的一次经历。

1927年9月9日这一天，本是预定发动秋收暴动的日子，毛泽东在3天前已经在安源煤矿布置好工人武装起事，接着要赶到铜鼓县亲自指挥浏阳农军。可是这天早上走到浏阳县张家坊时，当地民团发现毛泽东一行三人虽自称是安源的采购员，却形迹可疑，就把他们抓了起来。这是毛泽东第一次被捕，也是他一生中唯一的一次被捕。

毛泽东被捕后，团丁押着他们向团防局走去。当时反动豪绅的口号是"宁可错杀不可错放"，按毛泽东后来回忆，被送到那里肯定会被枪毙。他们被押着走到距离团防局仅几百米的地方，身材强健的毛泽东突然向后面奔跑，身边的两个同志也向相反方向跑，乘着团丁顾此失彼，毛泽东跳到路边一个水沟里藏了几小时，民团来搜了几次却都没有搜到。尽管毛泽东奔跑时跑掉了鞋，还擦伤了脚，直到上井冈山时还没治好，毕竟是成功脱险。

9月10日，毛泽东到达铜鼓县找到农军。此时的毛泽东拖着伤脚，以中央特派员的身份一面向农军做鼓动报告，一面又同部队步行前进并不时下达指示。在这种紧张环境下还能填词，确实要有满腔豪情和无畏的气概。了解到这一背景，人们可以把这首直白的《西江月》看做一首战歌。

回顾秋收起义的艰难斗争，需要从当时全国的政治大气候来观察。那时，大革命刚刚受挫，到处是白色恐怖，国民党的统治如日中天，气焰正盛。值此关头，共产党人在湖南东部的乡村能一呼蹶起，在几县范围内掀起暴动,这本身就是一个了不起的成就。

任何伟大的人物,也都不可能随心所欲地创造历史。秋收暴动能够发起,恰恰源于中国社会特别是湖南农村的基本矛盾。正因为广大农民长期被地主欺压,共产党人一旦点燃了农民运动的星星之火,在农民协会的犁头大旗下,过去长期受封建政权、神权、族权、夫权(后一条是对妇女而言)欺压、愚弄、麻醉的千百万终日面朝黄土背朝天的村夫,就明白了他们应该享有人的尊严、地位和民主权力(这应该说是地地道道的"人权"),他们耕种而地主享受成果的田地应归自己所有。于是,在农民运动兴起后,他们又用粗黑的手,把象征侮辱的高帽子加在过去侮辱他们的土豪劣绅头上,让其游街,到豪绅的小姐少奶奶床上打滚。过去停滞、蒙昧、好似铁板一般僵死的农村,由共产党启发农民觉悟,发展到农民和地主公开形成阶级对立,又迅速进入到对土地、政治权力提出要求的社会革命,而且其势如疾风暴雨。正像西方人所说的人类始祖亚当、夏娃在伊甸园中一旦偷尝了禁果,就再也不可自抑人的本性一样。这时代表着一个苦难阶级的千百万人突然猛醒,朝着解放的道路奔跑,确是什么力量都不可阻挡。

在农村矛盾激化到白热点,遍地是土豪劣绅反扑的血雨腥风,又处处是农民积愤待发,暴动的时机终于来临。大革命失败之时,在有过农运基础的湖南许多地区,共产党人登高振臂一呼,就顿时呼喊出这样的口号——"暴动! 杀土豪劣绅!""暴动! 农民夺取土地!"同时,就出现了毛泽东诗词中描绘的场景:"秋收时节暮云愁,霹雳一声暴动。"

从秋收暴动、上井冈山至朱毛会师成立红四军(开始称工农革命军第四军),为时不过 8 个月,在毛泽东几十年漫长的军事生涯中确实应算是短短的"弹指一挥间",可是这一段历史极为重要。这段以"山大王"身份在军事方面进行的探索,其最难能可贵之处在于,从一开始就体现了冲破不切合实际的"本本"和框框束缚的思想解放。这种思想解放在20世纪中国历史上的意义,并不亚于五四运动和十一届三中全会前后这两次伟大的解放运动。当时毛泽东就"上山"问题进行的探索,是在中国共产党内第一次向苏联模式提出了挑战,开创了有中国特色的军事斗争道路。尽管这一思想解放运动直至20世纪40年代前期的延安整风中才得以完成,它的伟大历史开端却在秋收暴动后上井冈山。

古往今来,"王侯将相宁有种乎?"总是时势造英雄。毛泽东投身武装斗争,正值中国共产党在各地组织暴动之时。看看中国革命史记载,当时有南昌起义、湘赣边的秋收起义、湘鄂边的洪湖地区起义、广东海陆丰的三次起义、赣东北的横弋起义、鄂东北的黄麻起义、广州起义、平江起义……大革命失败后不到一年,一百多次武装起义的烽火就燃遍了大江南北。这种"群雄并起"的形势,为毛泽东在井冈山高举红旗创造了基本环境和政治气候。应该说,毛泽东当时的伟大创造,恰恰也是溶汇集体智慧的结晶。

正是要立足于当时的宏观角度和政治大气候,再来看那"霹雳一声暴动"的豪迈诗篇以及随后的进军,才能更深刻地感受到它的深远意义。

3. 在怎样的形势下毛泽东写下《西江月·井冈山》一词?

秋收起义由安源矿工、浏阳农军和武昌国府警卫团这三部分共同举行,可称是工、农、兵三结合暴动的典型。起义的目标还是打长沙这样的大城市,战术采取北伐战争时那种硬打硬拼的方式,在强敌面前仅仅5天就全面失利。起义军原有5000余人,撤到文家市集中只剩1700人。当时毛泽东的伟大之处,恰恰是面对挫折和教训能及时改变方针,把剩下的部队拉上了偏僻的井冈山。走到井冈山下进行三湾改编时,毛泽东率领的队伍只剩下 700 人,却从此开创了中国革命的一条唯一正确的道路。

对于上井冈山的情景,毛泽东晚年病重时曾有一个回忆。那是 1975 年 10 月 1 日,正是中国人民在文化大革命十年动乱中度过的第十个国庆节。这一天,北京城内表面上还是张灯结彩,到处张贴的标语仍是——"伟大领袖毛主席万岁!万岁!万万岁!"然而此刻在中南海"游泳池"住所的毛泽东,身体状况和精神面貌却远不是外面崇拜他的大众所想象的那样。政治上的不如意和无法医治的疾病折磨,使他在床榻上已经无法起身。在这个国庆 26 周年之日,一大早毛泽东就当着照顾他的孟锦云的面,自言自语地说道:

"这可能是我过的最后一个国庆节了。"

这个新中国的伟大缔造者,很清楚自己将不久于人世。他并不畏惧死亡,曾讲过:"生老病死,自然规律,毛泽东岂能例外?万寿无疆,天大的唯心主义!"在他的许多讲话中,都认为人死了应该开庆祝会,庆祝新陈代谢的辩证法的胜利。毛泽东在度过这最后一个国庆节时,以垂暮的躯体支撑着对孟锦云说要"讲故事",首先讲到的就是 1927 年的秋收起义。

当时对于毛泽东周围的年轻人来说,他们过去也经常听到秋收起义的宣传,可知道的都是毛泽东领导起义时如何处处英明正确,暴动后的战斗如何胜利辉煌,结局又是率众满怀豪情地奔上井冈山……总之,这段历史已经被套上了一层人造的光环。然而这天从毛泽东本人口中讲出的秋收起义及随后的过程,却与当时宣传材料上的讲法大不相同。据孟锦云口述、由郭金荣整理的《毛泽东晚年生活》一书的记录,毛泽东当天是这样讲的:

"这故事,你只有从我这里才能听到,哪本书上都没有。即还是上井冈山的时候,秋收暴动以后,我们连打了几个败仗。人不断地跑,连师长都不辞而别了，人心乱得很。当时，就有人说，'还是散了吧，就这么几个人，能顶什么用？'有一天，队伍来到一个镇子上，大伙休息的时候，一群人又聚在一起议论散伙的事。当时，就有人问我：'毛委员，凭我们这几个人，这几条枪，革命能成功吗？'我对他们说：'我们这几个人，这几条枪，用不完，绰绰有余，愿走都可以走，不信，咱们有言在先，到庆祝革命胜利的那天，我们肯定死不光。'1949年开国大典后，我见了几个当时听过我讲话的人，没想到，他们还都记得那些话。现在，井冈山的老人不多了。"

确如毛泽东所说的，在当时的政治气候下，这真是"只有从我这里才能听到"的故事。故事中没有后人以艺术形式渲染夸张的场面，而是说明"秋收暴动以后，我们连打了几个败仗"，是在通往井冈山的路上以"师长"为首的大多数人的开小差，大家议论"散伙"……虽然这会使那些只受过"正面教育"的幼稚年轻人听来感到惊讶，然而这才是真实的历史。

1927年10月，毛泽东率部走上了井冈山。第二年4月，朱德、陈毅率领南昌起义剩余的部队也到了井冈山，完成了有重大历史意义的朱毛会师。毛泽东在井冈山坚持"武装割据"只有一年多，1929年初又率领红四军主力突围东进江西的兴国、瑞金并进入福建。然而这一年多的井冈山斗争在毛泽东的一生中意义重大，就他的诗词创作来说也攀上一个高峰。

在井冈山斗争时期，山上领导人中懂诗词的人极少。毛泽东虽然经常同王佐、袁文才这两个"山大王"谈心、拉家常，却很难同他们谈什么诗词。据在井冈山斗争中同毛泽东、贺子珍是邻居的女革命家曾志回忆，毛泽东闲时为了消遣还读些英语。由于曾志在湖南衡阳教会学校学过比较地道的英语，因此觉得毛泽东的发音太差，简直是一口"湖南英语"。当时在井冈山上哪有好的英语学习环境？出现这种情况也不足为怪，毛泽东这种学习精神还是令人钦佩的。除此之外，在井冈山上毛泽东在闲暇时还经常吟诗词。

当时井冈山上的领导核心就是毛泽东、朱德、陈毅这三个人,朱、陈二人是懂得诗词的,尤其是陈毅特别喜欢写诗,郭沫若后来称赞他"天南一柱百战身,将军本色是诗人"。毛泽东与陈毅这两个诗人聚到一起,每逢余暇就谈论诗词或者诵读中国古典诗词。后来,陈毅在回忆这段时期的生活时曾说,毛泽东在井冈山时很喜欢吟诵的一首诗词,是宋朝诗人陈与义的一首《临江仙》:

> 忆昔午桥桥上饮,座中多是豪英。
> 长沟流月去无声。
> 杏花疏影里,吹笛到天明。
>
> 二十余年如一梦,此身虽在堪惊!
> 闲登小阁看新晴。
> 古今多少事,渔唱起三更。

宋人陈与义的这首《临江仙》,因气魄非凡,千年来为无数俊杰所喜爱,尤其是开篇显示出煮酒坐论天下英雄的豪情。至于豪饮,在井冈山上根本谈不上,那时红军指战员还经常饿肚子,何况据毛泽东身边的许多人回忆,这位领袖一生都不善饮酒。毛泽东吟诵陈与义的《临江仙》,主要是以诗言志,表达他要与身边的英豪战友们开创古今未有之伟业。

后人总结井冈山精神,主要体现在两方面:一是不畏强敌,敢于斗争;二是解放思想,勇于创新。毛泽东在井冈山斗争前后留存下来的诗词,恰恰也体现了这两方面。他在 1928 年秋天写下的著名的《西江月·井冈山》一词，就表达出视强敌如草芥的无畏气概。

> 山下旌旗在望，
> 山头鼓角相闻。
> 敌军围困万千重，
> 我自岿然不动。
>
> 早已森严壁垒，
> 更加众志成城。
> 黄洋界上炮声隆，
> 报道敌军宵遁。

这首《西江月》，又是写于 1928 年秋天井冈山斗争中的"八月失败"的情况下。过去有些历史书以神化个人的方式写领袖，只写成功不写失利。其实毛泽东自己早就讲过，真正的常胜将军是不存在的。自古以来，失败都是成功之母。1964 年毛泽东在接见周培源、于光远时曾深有感慨地说过这样一段话：

"从来没有想到自己去搞军事，去打仗。后来自己带起队伍打起仗来，上了井冈山。在井冈山先打了一个小胜仗，接着又打了两个大败仗，于是我们总结经验，产生了打游击的十六字诀。"

毛泽东所讲的井冈山时期"打了两个大败仗"，指的是 1928 年的两次下湘南。写那首《西江月》的时候，正是刚出现了第二个大败仗之后。

出现第二次下湘南的"八月失败"的原因，主要是由于山上的供应困难，生活清苦，红四军内的许多人感到难以忍耐，于是附和湖南省委的错误主张,不顾毛泽东的反对,以主力下湘南。当时红四军有四个团,第二十九团下山后全部损失,主力第二十八团也受到部分损失,等于全军兵力损失了 1/3。当时毛泽东知道第二十八团在湘南失利,率三十一团下山接应。敌军乘机偷袭井冈山,守军依托黄洋界天险,以一个营的兵力和一门迫击炮将其打退,守住了井冈山。

井冈山保卫战期间,也就是"黄洋界上炮声隆"的时候,毛泽东并不在山上。当他从山下带领大队回来时,对黄洋界保卫战的胜利感到安慰。若是这次保卫战失败,丢失了这块仅有的根据地,红军就回不了井冈山。于是,毛泽东回山后即写下了这首充满豪气的词作,据陈毅回忆,他是这首词的最早阅读者。

过去有人解释这首《西江月·井冈山》是充满了胜利豪情,其实若从历史情况来分析,红四军刚出现了严重的"八月失败",只打了黄洋界这一场小胜仗还远不足以改变严峻形势。此刻井冈山上的红军只有 4000 人左右,周围是湖南、江西和广东三省几十万国民党新军阀,真是一幅"敌军围困万千重"的情形。毛泽东写这首词,恰恰是在逆境中用诗词语句提倡"众志成城"的精神和"我自岿然不动"的气概,以坚定争取最后胜利的志向。

从艺术上看这首《西江月·井冈山》,堪称是将全新的内容与旧体诗词的古老形式完善结合的典型。填《西江月》这一词牌其实并不容易,因为这是极少数平仄韵混押的词。人们如今用普通话读起来,似乎《西江月·井冈山》的韵脚有些不协调,其实毛泽东在这首词里是以湖南方言押的韵。年轻时就喜好诗词的陈毅当年读这首词,就倾心折服。时隔 30 年,1958 年陈毅还为之写了一段两百余字的跋文,其中称:

"读此词令人增长志气,可视敌军如草芥。我认为新中国人民应有此气概而且已经有此气概,真可喜可贺。"

如同陈毅所说的那样,毛泽东以在井冈山上率领弱小的红军,能视强敌如草芥,这种精神在此后几十年内激励了无数的中国人。"敌军围困万千重,我自岿然不动"这句词,多少年来成为几亿人遇到艰难时鼓舞斗志的常用语。有了这种精神,中国人民就不惧怕貌似强大的帝国主义和一切反动派,就能把他们看成纸老虎,敢于同他们斗争。

4. 毛泽东在井冈山为什么要用四言诗来发布宣言呢?

井冈山斗争时期,毛泽东的诗词中一方面体现了面对强敌敢于斗争的大无畏精神,另一方面又体现了开拓创新的可贵探索精神,在中国共产党内首开革命道路的独立自主创造。

毛泽东率领红军在井冈山上坚持斗争,需要解决两个最主要的难题:一是如何通过土地革命发动农民,二是如何在艰苦环境中建立坚强的革命军队。这两点,在当时的诗词中都有生动的反映。在井冈山斗争时期,毛泽东曾以四言韵语的形式,写下一篇《红四军司令部布告》,就以押韵的诗语详细说明了红军的内外政策。

四言韵语·红四军司令部布告 1929 年春

红军宗旨,民权革命。赣西一军,声威远震。

此番计划,分兵前进。官佐兵伕,服从命令。

平买平卖,事实为证。乱烧乱杀,在所必禁。

全国各地，压迫太甚。工人农人，十分苦痛。

土豪劣绅，横行乡镇。重息重租，人人怨愤。

白军士兵，饥寒交并。小资产者，税捐极重。

洋货越多，国货受困。帝国主义，哪个不恨？

军民匪党，完全反动。口是心非，不能过硬。

蒋桂冯阎，同床异梦。冲突已起，军阀倒运。

饭可充饥，药能医病。共党主张，极为公正。

地主田地，农民收种。债不要还，租不要送。

增加工钱，老板担任。八时工作，恰好相称。

国队待遇，亟须改订。发给田地，士兵有份。

敌方官兵，准其投顺。以前行为，可以不问。

累进税法，最为适用。苛税苛捐，扫除干净。

城市商人，积铢累寸。只要服从，余皆不论。

对待外人，必须严峻。工厂银行，没收归并。

外资外债，概不承认。外兵外舰，不准入境。

打倒列强，人人高兴。打倒军阀，除恶务尽。

统一中华，举国称庆。满蒙回藏，章程自定。

国民政府，一群恶棍。合力铲除，肃清乱政。

全国工农，风发雷奋。夺取政权，为期日近。

革命成功，尽在民众。布告四方，大家起劲。

军　长　朱　德
党代表　毛泽东

这首四言韵语,在当年广为流传,毛泽东生前却没有将其收入诗词选集,可能是认为其艺术成就还不足。其实,这首诗在毛泽东的诗词创作乃至毛泽东思想的发展史上都有着重要意义,言语虽直白却有深刻的政治意义。

以四言韵语发表政治主张,是中国古代和近代常用的一种方式。四言韵语,也算一种四言诗,在宋代以前古代诗中常见,不过到了近体诗多只有五言、七言两种。中国文人进行启蒙教育和讲通俗道理,传统方式是用四言韵语,例如南北朝时所编的《千字文》就是这种体例,成为中国千年间流传最久的启蒙教育读本。再如宋朝人编的《百家姓》,"赵钱孙李,周吴郑王……"这也是四言韵语。毛泽东少年时期读书就深受这种文体影响,在井冈山上写布告用四言韵语自然是驾轻就熟。

毛泽东这首四言诗,主要阐述了两方面的问题,一是说明红军的宗旨是"民权革命",并申明了严格的纪律,二是阐述了土地革命的方针——"地主田地,农民收种。债不要还,租不要送。"这一方针,在执行中的口号就是"打土豪、分田地"。

上井冈山后,毛泽东对工农革命军的指挥员讲,以后不能再发饷了。事实上,当时经济那么困难,也没有钱可以发。据黄克诚大将后来回忆,他当时一听就非常震惊,自古将靠薪、兵靠饷,士兵不发饷,军队怎么能维持呢?然而后来的事实证明,红军不但能维持,而且还能动员大量农民参军扩大队伍。到了 20 世纪 80 年代初期,当社会上对文化大革命痛定思痛,出现过一股否认毛泽东的思潮时,曾在 20 世纪 50 年代末至 70 年代受过长期迫害的黄克诚曾发表了一篇讲话,其中回顾了人民军队创建之初的斗争,满怀深情地高度评价了毛泽东这一时期进行开拓的伟大意义。他对此回忆道:

"毛主席当时在政治上、军事上创造了一套路线、方针和政策,现在看来似乎很简单,但那时大家都没有经验,能搞出这么一套正确的东西就非常困难呀! 那时的党中央,包括六大以前和六大以后,就没能搞出这一套。毛主席当时比我们确实要高明好多倍。"

当年毛泽东依靠什么扩大红军和动员群众支援战争呢? 关键就是"打土豪、分田地",参加红军的贫苦农民虽然不发兵饷,根据地却给了他们最大的一份饷,那就是分给土地,为了保卫这几亩地就必然会拼命打仗。

严格地讲,毛泽东在井冈山虽然开始土地革命的探索,却是学习苏俄办法制定了一部《井冈山土地法》,其核心是打土豪后把土地分给农民耕种,却不给所有权,土地归苏维埃政权所有。1956 年 9 月,在中国共产党第八次代表大会上,毛泽东回顾自己探索和学习战争的过程曾说过:"我在井冈山搞的那个土地法很蹩脚,不是一个彻底的土地革命纲领。"

毛泽东这句话,正好点到了一个要害问题。能不能有效发动起群众踊跃参军参战,关键在于能不能实行彻底的土地革命政策。真正满足群众的利益,才能实现"唤起工农千百万"。

1941 年毛泽东在延安回顾《井冈山土地法》时曾说过:"在这以前,是没有任何经验的。这个土地法有几个错误:一、没收一切土地而不是只没收地主土地,二、土地所有权属政府而不是属农民,三、禁止土地买卖。"这里最重要的一点,又在于"土地所有权属政府而不是属农民"。如果简要概括地说,《井冈山土地法》还没有彻底实行分田地,斗争了地主后还实行土地公有,显然不能很好地调动农民参军参战的积极性。

毛泽东是人不是神,他对如何调动农民的积极性,也需要经历一番曲折的探索。不过毛泽东的伟大之处,就在于善于总结经验。1929 年 1 月他率红军从井冈山突围,3 个月后到达江西南部的兴国县。毛泽东率领红军第一次来到兴国时,住进了潋江书院的文昌宫。当地干部陈奇涵招待他吃了一顿蒸笼粉菜,这对在井冈山上连红米饭、南瓜汤都经常吃不上的毛泽东来说,成了毕生难忘的一餐美味。毛泽东直到 1970 年上庐山时,还不忘请兴国县的厨师来给他做这道菜。

其实,毛泽东一生不讲究什么名菜名厨,还一向把讲吃讲喝当成低级趣味。他怀念带有兴国县特色的东西,是因为他曾在这里掀起过最深入的土地革命风暴,汇成了扩大红军、全民参战最壮丽的画面。毛泽东第一次到兴国,就马上进行社会调查,并召开干部会议,再总结井冈山斗争的经验。就在文昌宫的住所里,他很快制定了一部新的《兴国土地法》。《兴国土地法》同《井冈山土地法》相比,有一个最根本的变化,就是不再没收一切土地,只没收地主的田地分给农民。这等于是承认农民的土地私有,这才是真正意义的"打土豪、分田地"。农民得到了真正属于自己而不是属于公家的土地,参军、参战、保家保田的积极性就马上调动起来了。

一部《兴国土地法》代表着毛泽东提出的一项新政策,也体现了一种新的军事斗争思想。如今人们在博物馆里看到的当年苏维埃政府下发的土地证,已经是那样的陈旧。然而,就是这小小的纸片,当年在这片江西南部的红土地上产生了精神变物质、物质变精神的人间奇迹。伴随着一曲兴国山歌,在这个仅有 28 万人口的县里,先后有 8 万人参加红军和赤卫队。毛泽东搞过调查的长冈乡,青壮年男性 80% 都参了军。

如果比较一下,在 1955 年解放军开始第一次授衔的一千多名将军中,井冈山籍的一个也没有,兴国籍的却有 55 名。为什么兴国成为将军县呢?因为当年兴国 28 万人口,有 8 万人参加红军和赤卫队。长征开始时,中央红军 8 万多人中有 2.7 万兴国人,可以说 1/3 是兴国人,到陕北兴国人不足 2000 人,可以说二万五千里长征路每一里损失一个兴国人,

这 2000 名到达陕北的兴国红军又经过十几年奋战,到新中国成立时只剩
200 人,1955 年有 55 人获将军衔。毛泽东诗词所讲的"为有牺牲多壮
志",在江西兴国县得到最生动的体现。可以说井冈山斗争所开灿烂之
花,最终果实收获在兴国。

1929 年夏天毛泽东离开江西兴国县,进入福建西部,所到之地通过
实行《兴国土地法》,彻底地打土豪、分田地,建立起赣南、闽西根据地。当
时的情景,正如毛泽东词中所讲的是"分田分地真忙"。这句话看来是粗
浅的白话,用在这里却简单明了,带有纪实风格。

5. 为什么井冈山斗争前后的毛泽东诗词中总是出现"旗"字?

如果仔细分析一下 1927—1930 年这段时间毛泽东所写的诗词,出现
最多的就是一个"旗"字,如"旗号镰刀斧头""山下旌旗在望""红旗跃过汀
江""风展红旗如画"……

井冈山斗争前后,毛泽东诗词中总是出现"旗"字,并非下笔偶然,而
是心中所思的中心问题在文学创作中的自然流露。从当年的情况看,面
对艰苦斗争和全国革命形势处于低潮,红军中出现了一种"红旗到底能打
多久"的疑问,包括红四军主力团长即二十八团团长林彪在内的不少人都
有这种困惑。毛泽东诗词中一再出现"红旗",恰恰是用诗化语言在内心
回答这种疑问。他在《星星之火,可以燎原》这篇文章中,就艺术性的语言
和满腔激情描绘斗争胜利的前景——"它是站在海岸遥望海中已经看得
见桅杆尖头了的一只航船,它是立于高山之巅远看东方已见光芒四射喷
薄欲出的一轮朝日,它是躁动于母腹中的快要成熟了的一个婴儿。"(《毛
泽东选集》第一卷第 106 页)

1928年秋天,也就是"八月失败"后不久,毛泽东在井冈山下茅坪镇的八角楼里就写下了《中国红色政权为什么能够存在》这篇理论文章,认为白色政权的分裂和混战是红色根据地能够存在的第一个条件。1929年初,湖南、江西两省军阀有了暂时的联合,以几万兵力对井冈山发动"会剿",山上的红军在冬天又没有棉衣,毛泽东、朱德只好率领红四军主力撤出井冈山向东突围。离开井冈山之后,强敌跟在后面追,红军没有了根据地等于没有了家,很长时间到处站不住脚,敌军有一次还冲进军部,朱德的夫人被俘牺牲。

1929年2月,在上海的中共中央感到红四军处境过于艰险,送来一份"二月来信",指示毛泽东、朱德到上海来,把部队分散到农村。如果按照这封指示信的要求去做,红四军就会瓦解,因为部队指战员与地方赤卫队不一样,他们不是当地人,很难站住脚;而且在险恶环境下失去集中领导,许多人会失去信心而大批开小差。毛泽东正是基于这种情况,坚持不去上海,仍和朱德一起在艰难的转战中领导红军。果然,不出两个月,红四军后面的国民党追兵突然消失,原因便是1929年春天发生了"蒋桂战争",蒋介石的南京政府同李宗仁、白崇禧为首的桂系军阀开战,江西军阀一时顾不上追击红军。面对这一形势变化,毛泽东写出了《清平乐·蒋桂战争》一词:

风云突变,

军阀重开战。

洒向人间都是怨,

一枕黄粱再现。

红旗跃过汀江,

> 直下龙岩上杭。
>
> 收拾金瓯一片，
>
> 分田分地真忙。

这首《清平乐·蒋桂战争》正式发表的上述文字，是毛泽东在 20 世纪 60 年代最后修改后的定稿。如果看修改前的原稿，"军阀重开战"这一句的原文是"宁桂大开战"。"宁"是指南京政府，"桂"是指李宗仁、白崇禧为首的桂系军阀，宁桂战争这些词句是当年的语言，毛泽东可能是担心后来的人看不懂，索性改成军阀。"一枕黄粱再现"这一句的原文，是"军阀好混蛋"，毛泽东后来加以修改，就显得更文雅些。

按旧体诗词的格律而论，这首《清平乐》语言直白，按毛泽东后来的讲法属于"诗味不多"。不过，这首词却道出了一个事实，那就是毛泽东的预言完全应验。被毛泽东斥骂为"好混蛋"的军阀重新开战，白色政权这种混战又为红色政权的建立和扩大创造了条件。朱毛红军虽然于 1929 年放弃了井冈山，却利用蒋桂战争，又在赣南、闽西建立了一片更大的新根据地，后来形成以瑞金为中心的中央苏区，一直坚持到 1934 年秋天长征之前。

6. 毛泽东身处逆境时为什么反而勃发诗兴？

1929 年夏天，毛泽东在开辟赣南、闽西根据地刚刚获得成功时，却又受到政治上的一次打击，那就是 6 月间在红四军选举前敌委员会书记时落选，不久又大病一场，患的是当时很难治愈的疟疾，不得不离开红军去休养治疗。

如果追溯起来,毛泽东上井冈山后,已经不止一次地受到政治打击,如 1927 年暴动失败后,中共中央给予他开除中央政治局候补委员的处分。当时党内的地下交通员往往担心被捕而不能带文件原文,只能以接力的方式口头传达,结果这一决议从上海党中央传达到湖南省委,再口头传达到井冈山时就走了样,把开除政治局委员传达成开除党籍。在 1928 年初的井冈山上,毛泽东一时没有了党籍,简直成了"民主人士",自然不能再当书记,然而大家感到离不开他指挥,就让毛泽东当师长。在遭受重大打击时,毛泽东没有气馁,仍以党外人士的身份领导井冈山斗争。1928 年 4 月,朱德、陈毅到了井冈山,才带来了正确的中央指示,说明毛泽东虽然被开除出政治局,却还是中央委员,于是又能担任红四军最高领导。不过刚刚过了一年多,毛泽东又受到第二次政治打击。在逆境中,毛泽东不但诗兴未减,反而有了一些新作。

毛泽东的个性一向倔犟,将斗争视为其乐无穷,越是处于逆境斗志越坚,诗兴也就越强。人称"愤怒出诗人",毛泽东一生的创作特点是奋斗出诗篇。毛泽东在闽西离开红军时,正好结交了当地的一个传奇人物傅柏翠作为朋友。傅柏翠早年参加孙中山领导的同盟会,上过日本早稻田大学,回福建家乡后在军阀混战中组织农民自卫军保卫地方。他看到国民党的腐败并佩服共产党的革命理想,于 1927 年加入中国共产党,还迎接朱毛红军入闽西。在比较封闭的闽西山区,毛泽东能遇到傅柏翠这样留过洋、有学识且有非凡经历的人物,也感到非常难得。两人经常阔论天下大势还吟诗论词。

当时毛泽东、傅柏翠两人在土地革命的看法上有分歧,关系却很亲密。贺子珍生第一个孩子时,毛泽东托傅柏翠照料。毛泽东离开红四军下乡养病,身上只带了 5 块大洋,傅柏翠得知后马上送去 200 块大洋,却

被退回来并吩咐应用于部队急需。1929 年 10 月，大病未愈的毛泽东被
战士们用担架抬着，由傅柏翠陪同，登上了上杭县的临江楼。面对政治逆
境和体内重病，毛泽东仍写了一首有名的《采桑子·重阳》：

> 人生易老天难老，岁岁重阳。
>
> 今又重阳，但看黄花不用伤。
>
> 一年一度秋风劲，不似春光。
>
> 胜似春光，寥廓江天万里霜。

在 1962 年发表这首词的时候，毛泽东把"但看黄花不用伤"，改为了
"战地黄花分外香"。

古人诗词对重阳佳节通常是花酒愁肠，情怀怆然，抒发悲秋之气。毛
泽东的这首词，虽带有些伤感，却一扫古人悲秋之气，强调"秋风劲"，而且
"不似春光，胜似春光"，以此自勉自励，读来顿起豪情。至于解放后修改
后加上"战地黄花分外香"，更属横扫千古之句。

古人写战场都是一副凄凉之感，"由来征战地，自古几人还"，毛泽东
的笔下却是"战地黄花分外香"，立意完全不同。这些词句，不仅是对革命
战争的颂扬，同时还显示出毛泽东的独特战争观。

1929 年 12 月，因陈毅从上海的党中央返回红四军，带来周恩来的指
示，召开了重要的古田会议，重新恢复了毛泽东在红四军的领导地位。此
时，红军感到福建的局面不易打开，决定以主力回师江西。部队出发前，
毛泽东劝新结交的朋友傅柏翠同行，傅却舍不得家乡故土而未走。毛泽
东在行军途中，又写了一首著名的词作《减字木兰花·广昌路上》：

漫天皆白，

雪里行军无翠柏。

头上高山，

风卷红旗过大关。

此行何去？

赣江风雪弥漫处。

命令昨颁，

十万工农下吉安。

毛泽东原作中"雪里行军无翠柏"这一句，据有的历史当事者回忆"翠柏"便是指傅柏翠，此句是感叹他不与自己同行。这一分手，结果令毛泽东、傅柏翠二人后来都感叹不已。由于傅柏翠不同意中共中央的土地革命政策，于1930年末被开除党籍，后来在"肃反"中与红军发生冲突，结果被国民党委任为龙岩县长。傅柏翠毕竟对红军和毛泽东还很有感情，于是在红军和国民党中间保持了事实上的中立。1949年解放军南下福建时，傅柏翠又组织起义。毛泽东得知后马上捎信表示问候，并安排他担任福建省法院院长，不过是以党外民主人士的身份任职。解放后傅柏翠多次到北京开会，见到毛泽东时都自感惭愧而有意回避碰面。一次陈毅主动找他谈起当年一同战斗的往事，傅柏翠百感交集，不禁潸然泪下。可能是考虑到傅柏翠历史上的问题，1962年《人民文学》5月号发表此词保留了"无翠柏"的原文，1963年12月发表《毛主席诗词》时就将"雪里行军无翠柏"改成了"雪里行军情更迫"。

毛泽东去世10年后，1986年傅伯翠以90岁高龄再次加入了共产党。傅柏翠当初在闽西进行的改革试验,包括导致被开除党籍的"公产共消费"主张,是源出于空想社会主义的思想理念。毛泽东早年同样信仰过"新村主义",后来却在革命进程中探求到正确的理论和道路。傅柏翠却因过于拘守相对封闭的家乡环境,限制了眼界的开阔。他晚年时最痛感后悔的事,便是当初没有听从毛泽东的劝告随军远征,到外界广阔的革命天地中驰骋。傅柏翠90岁重新入党时曾总结说:"通向中国革命胜利所要翻越的山,它有许多可走的路。……我也尝试性地走了一条路,但是实践证明,毛泽东同志所选择的是一条最近、最成功的路。"

7. 为什么毛泽东后来又重上井冈山并写下词作?

毛泽东从组织秋收暴动上井冈山,直至创建中央苏区,这一时期的诗词作品都是实行工农武装割据、在农村建立根据地、实行土地革命的写照和礼赞。如"霹雳一声暴动""唤起工农千百万"这类语言,表达了依靠群众进行人民战争的观点,像"敌军围困万千重,我自岿然不动",则表达了敢于斗争的精神。毛泽东诗词特有的革命浪漫主义与革命现实主义相结合的意境,正是在这一时期形成。在革命战争年代,毛泽东创作的立意多在放不在收,故善为长短句,以抒发奔腾之气,不大愿意写五言、七言律诗。

1949年,中国革命终于取得了"天翻地覆慨而慷"的最后胜利。全国解放后,毛泽东又在如何摆脱"一穷二白"面貌和怎样建设社会主义的问题上进行着全新探索,其间有过顺境也有过逆境。毛泽东每逢遇到斗争的关键时刻,曾一再提出想上井冈山,当年那座山峰已成为重新开拓的一个象征。

1965年,年已72岁的毛泽东在初登38年、离别36年后又重新登上井冈山,写下了《水调歌头·重上井冈山》和《念奴娇·井冈山》。5月22日,毛泽东乘车重上井冈山游览视察,并在山上住了 8 天。据当时随行人员回忆:"他老人家不顾一路乘车的疲劳,风尘仆仆,登上黄洋界。黄洋界上,阳光灿烂,显得格外壮丽。毛主席他老人家站在最高处,极目远眺,久久不离。"后一首词在毛泽东生前没有发表,前一首词在毛泽东去世前 9 个月即 1976 年元旦发表,在某种程度上是毛泽东晚年政治理想的艺术表白。

水调歌头·重上井冈山　1965 年 5 月

久有凌云志,重上井冈山。

千里来寻故地,旧貌变新颜。

到处莺歌燕舞,更有潺潺流水,高路入云端。

过了黄洋界,险处不须看。

风雷动,旌旗奋,是人寰。

三十八年过去,弹指一挥间。

可上九天揽月,可下五洋捉鳖,谈笑凯歌还。

世上无难事,只要肯登攀。

这首于 1976 年元旦播发的词作,反映了毛泽东在 20 世纪 60 年代中期的心路历程。"久有凌云志,重上井冈山",绝不仅仅是怀旧,而是想攀登政治上的新高峰。毛泽东一向很欣赏曹操的诗文"烈士暮年,壮心不已",重登井冈山时他年过七旬,仍然想"上九天揽月",而且还有着"世上无难事,只要肯登攀"的气概。尽管在后来的探索中出现了一些问题,然而此情此心,仍然感动了亿万国人,长久地激发着中华儿女的奋斗豪情。

念奴娇·井冈山　1965 年 5 月

参天万木,千百里,飞上南天奇岳。

故地重来何所见,多了楼台亭阁。

五井碑前,黄洋界上,车子飞如跃。

江山如画,古代曾云海绿。

弹指三十八年,人间变了,似天渊翻覆。

犹记当时烽火里,九死一生如昨。

独有豪情,天际悬明月,风雷磅礴。

一声鸡唱,万怪烟消云落。

　　这首《念奴娇·井冈山》毛泽东生前没有同意发表,其寓意与《水调歌头·重上井冈山》其实相同。井冈山这座山峰,成为毛泽东以及全体中国人民内心中的一座精神丰碑,鼓舞着一代代人勇敢登攀。

　　1960 年《毛泽东选集》第四集出版时,毛泽东的秘书田家英在解读时曾概括说,毛选四卷的精神实质就是八个字:敢于斗争,敢于胜利。其实,毛泽东诗词的精神实质同样也贯穿了这八个字。毛泽东在斗争中写下的词作,凝聚了迸发的革命情感、坚定意志和豪迈的理想情怀。在艰苦卓绝的奋斗实践中,毛泽东形成了非凡的英雄气魄,诗词中所激扬的文字形成了独特的神韵和风采,达到了千古文人雅士都难以企及的境界。毛泽东的这些诗词,是他留给中国人民宝贵的精神财富和文化遗产,因此被亿万人长久吟诵。

第三章 马背诗人

在领会毛泽东诗词的精神实质的同时，我们也应进一步感受他在斗争实践中的创作风格。作为一个政治家、革命家、军事家兼诗人的毛泽东，纵观他一生的诗词创作，1927—1936年的艰苦转战时期恰恰是第一个创作高峰期。当时，毛泽东是在血雨腥风的战争烽烟中写诗，是在万里长征的艰险征途上填词，他于1962年4月发表《词六首》时，曾对自己当时的诗词作品做了一个简要说明，称这些诗词是"在马背上哼成的，文采不佳，却反映了那个时期革命人民群众和革命战士们的心情舒快状态，作为史料，是可以的"。

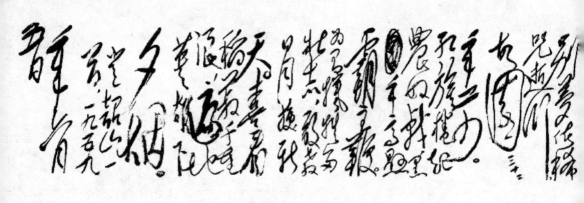

　　纵观毛泽东的诗词创作生涯，可以看到一个颇有意思的现象，那就是他在马背上行军往往诗兴大发，进入相对平静的环境反而会减少诗兴。1937 年 1 月，中共中央从陕北的保安进入延安，从此毛泽东有了一个长达 10 年基本没有外出的安定环境。1941 年，即毛泽东进入延安的第五年，远在莫斯科的两个儿子毛岸英、毛岸青写信回来，说很想读到爸爸的新诗。毛泽东回信说："岸英要我写诗，我一点诗兴也没有，因此写不出来。"

　　在马背上转战能激发诗词创作激情，这是毛泽东诗词创作的一大特点。而且从他一生的诗词来看，革命战争年代写出的诗词作品又是最为优异的。

1. 为什么艰苦的转战环境反而能激发毛泽东的诗兴？

　　1942 年，毛泽东在《在延安文艺座谈会上的讲话》中提出"生活是创作的唯一源泉"，这是用唯物主义观点阐述的一条创作真理。好的文艺作品，包括小说、电影、戏剧，都需要雄厚的生活积淀。某些人完全脱离生活实际，孤芳自赏、闭门造车，胡编滥造出的一些艺术作品，只能叫人望而生厌。

毛泽东的创作实践，正好与他的创作理论相互印证。首先是毛泽东有极为丰富的革命斗争和指导战争的实践，才为他的创作提供了丰富多彩的艺术源泉。毛泽东个人深厚的古典文学和诗词创作的素养，又为他在马背上转战时吟诗填词提供了个人的创作条件。

从1927年上井冈山到1936年红军最后结束长征这近十年间，是中国革命战争最艰苦的时期，也是毛泽东人生征途最困难的时期。身边经常是枪林弹雨，头顶又常有飞机轰炸，弱小的红军在强敌包围中四处奔走，作为红军领导者的毛泽东的个人安危也系于一发，可谓凶险莫测，九死一生。当年一些在毛泽东身边的将领回忆，毛主席一生坚信"枪杆子里面出政权"，本人却从不愿摸枪，别人曾给他一支驳壳枪，他只背了一天就交给警卫员。

在江西南部转战时，别的领导人都是身不离枪，毛泽东却让妻子贺子珍缝了一个布袋装了笔墨和文件，自己随身携带，并说要靠文房四宝来打败国民党。虽说当年转战时他身上背有文具，然而很多时候在宿营地找一张好的桌子都难办到，更难找参考书籍，写诗词时创作条件和环境可谓是恶劣至极。但是毛泽东的过人之处，恰恰表现在他能在战火硝烟和自然景物的遇合中迸发出灵感，写出了一首首为亿万人长久传扬的激情澎湃的诗词。尤其是在为时一年的万里长征途中，他写出了《十六字令》三首、《忆秦娥·娄山关》、《七律·长征》、《念奴娇·昆仑》、《清平乐·六盘山》等一系列诗词作品，而且以其大气磅礴的风格为全国人民所久久传颂。可以说，最艰难的长征过程，又是毛泽东诗词创作的最高峰。

毛泽东对于自己在战火中的这种创作激情，有时也感到奇怪。1949年12月中旬，毛泽东乘火车前往苏联访问，苏联汉学家费德林随行，这个人随后还担任了斯大林与毛泽东会见时的中文翻译。费德林在 20 世纪六七十年代当过苏联的外交部副部长，是苏共中央政治局唯一的一名女委员福尔采娃的丈夫，他中文很好，对中国古典诗词也很爱好。据费德林后来在回忆录中记述，他在专列上曾当面向毛泽东表示，非常赞赏在长征途中写的诗词，得到的回答是：

"现在连我自己也搞不明白，当一个人处于极度考验，身心交瘁之时，当他不知道自己还能活几个小时，甚至几分钟的时候，居然还有诗兴来表达这样严峻的现实，恐怕谁也无法解释这种现象……当时处在生死存亡的关头，我倒写了几首歪诗，尽管写得不好，却是真诚的。现在条件好了，生活安定了，反倒一行也写不出来了。"

毛泽东处在"生死存亡的关头"反而有诗兴，而且写出来的诗词豪情满怀，这只能说明他一旦面对着挑战，面对"敌军围困万千重""弹洞前村壁"这种"鏖战急"的环境，巨大的外部压力就会引发巨大的内在精神反弹，这也正应对了他年轻时代的座右铭：与天斗，其乐无穷；与地斗，其乐无穷；与人斗，更是其乐无穷！

中国古代也曾有过不少军旅诗词，如毛泽东就比较喜欢宋代辛弃疾、岳飞的词，然而这些人的诗词作品与毛泽东诗词相比，在气度恢弘以及对战场环境的描写方面都远远瞠乎其后。生活是艺术的唯一源泉，毛泽东统帅军队的战斗生涯，在中国历史上确实是前无古人的，而中国革命战争的波澜壮阔也是古代、近代任何战争所不可比拟的。正由于毛泽东把诗人气质与统帅风格相结合，在战火中创作的诗词远远超越古人。唐代的边塞诗中曾反映出奔腾的动感，毛泽东在红军时期转战中写下的诗词，动感却更为强烈，勾画出更为生动的行军画面。

2. 毛泽东在马背上哼成的词作中哪些有跳跃感和节奏感？

　　1930年1月，毛泽东从福建返回江西的行军路上写下的《如梦令·元旦》，可以称为军旅诗作的典范。1929年12月古田会议结束，毛泽东重新回到红四军的领导岗位，全军又统一了思想，自然心情非常畅快。翌年1月，毛泽东率领红四军主力从福建古田地区西进，迂回通过宁化、清流、归化这三县之间，而后翻越武夷山进入赣南。在转战途中，毛泽东写下了小令：

如梦令·元旦

宁化，清流，归化，
路隘林深苔滑。
今日向何方，
直指武夷山下。
山下山下，
风展红旗如画。

　　这首小令篇幅虽短，风格却很有特色，蕴涵的情意也很丰富。全词轻快活泼，富有诗情画意，耐人寻味。

　　这首词的头两句写法新颖，两字一顿，先用三个地名连缀、并列，造成三个停顿。

接着,再用三个主谓语并列,也是三个停顿,这样仅十二个字便形成六个停顿。

这种罕见的句法,造成一种急迫的旋律,颇有急行军的氛围,富于诗意地表现了红军在崎岖的山区地带轻装、神速行军的特点,并颇有跳跃感和节奏感。

这首词的后三、四句,氛围和情调与头两句的紧迫节奏则显然不同,既显得从容不迫,又显得坚决果断。最后两句的节奏,则更为舒缓,已带有浓郁的抒情、欣赏的意味,表现出毛泽东精湛的诗词艺术技巧。

1930年初毛泽东回到江西,原先已经颁布命令,"十万工农下吉安",随后又奉命攻打长沙。这一年的6月,由李立三主持工作的中共中央对蒋冯阎军队混战时的全国形势作出了错误的分析,要求红军乘机夺取中心城市。当时中央特派员涂震农到闽西招开汀州会议(又称南阳会议),命令红军趁蒋介石与冯玉祥、阎锡山混战之机进攻南昌和长沙。会上成立了以毛泽东为主席的革命军事委员会,负责此项行动。随后,毛泽东、朱德所率领的红一军团奉中央的命令攻打南昌和长沙,先实现夺取江西、湖南的胜利,还准备与长江以北鄂豫皖、湘鄂西的红军会合,达到"会师武汉,饮马长江"的目标。此时的毛泽东也一度深感鼓舞,在进军途中写下了著名的词作——

蝶恋花·从汀州向长沙　(1930年7月)

六月天兵征腐恶,
万丈长缨要把鲲鹏缚。

> 赣水那边红一角，
>
> 偏师借重黄公略。
>
> 百万工农齐踊跃，
>
> 席卷江西直捣湘和鄂。
>
> 国际悲歌歌一曲，
>
> 狂飙为我从天落。

　　虽然毛泽东以诗化语言一度设想迎来"席卷江西直捣湘和鄂"的大好局面，然而他却很尊重实际。毛泽东率红一军团到达南昌城下，见敌有重兵守卫而不攻，转往长沙。彭德怀率红三军团于 7 月 28 日攻进长沙，仅十余日后便在湖南军阀何键优势兵力反扑时被迫退出。毛泽东赴长沙与彭德怀会合，于 9 月 10 日再次进攻长沙。鉴于红军缺乏重武器，猛攻难以奏效，毛泽东便主动下令撤围退军，返回江西根据地。在这一年夏天的盲目主义的错误指导下，国内许多红军部队因贸然攻击大城市而受到重大损失，毛泽东所率的红一军团却得到了扩大，并会合了彭德怀所率的红三军团，合组成红一方面军，兵力扩大到 4 万多人。

　　1930 年秋，蒋介石同阎锡山、冯玉祥、李宗仁的军阀混战结束，国民党南京政府随即调动了 10 万军队前来"围剿"红军，毛泽东又率领中央红军投入了反"围剿"的作战。在随后反"围剿"作战的转战中，毛泽东利用余暇仍坚持写词，创作了《渔家傲·反第一次大"围剿"》和《渔家傲·反第二次大"围剿"》，这两首词。这两首《渔家傲》读起来气势磅礴，几乎是以诗化语言写下的战斗纪实，而且显得动感十足、色彩十足、豪气十足。

渔家傲·反第一次大"围剿"（1931 年春）

万木霜天红烂漫，

天兵怒气冲霄汉。

雾满龙冈千嶂暗，

齐声唤，

前头捉了张辉瓒。

二十万军重入赣，

风烟滚滚来天半。

唤起工农千百万，

同心干，

不周山下红旗乱。

渔家傲·反第二次大"围剿"（1931 年春）

白云山头云欲立，

白云山下呼声急，

枯木朽株齐努力。

枪林逼，

飞将军自重霄入。

七百里驱十五日，

赣水苍茫闽山碧，

横扫千军如卷席。

有人泣，

为营步步嗟何及！

　　这两首词在 20 世纪 60 年代公开发表前，毛泽东曾对少量词句做过修改。例如"不周山下红旗乱"这句话的原文是"教他片甲都不还"。再如"七百里驱十五日"，这一句的原文是"八百里驱十四日"。由于毛泽东在发表这些诗词前请郭沫若提意见，郭沫若读了毛泽东所写的《中国革命战争的战略问题》一文，看到其中对第二次反"围剿"的总结是 15 天走了700 里，打了 5 仗，因此建议这句话与文章中的总结统一起来，改成"七百里驱十五日"，就显得更准确，毛泽东予以采纳。

　　第一首《渔家傲》，生动地描绘了在龙岗地区歼灭国民党军主力第 18师张辉瓒部的战斗场景，那就是红军乘着大雾隐蔽接敌，突然攻击，取得了"前头捉了张辉瓒"的胜利。张辉瓒也是湖南人，大革命期间就同毛泽东相识，在"围剿"出发前曾傲慢地扬言"这次要剃朱毛的头"。结果龙岗一仗他当了俘虏，被押解路上遇到毛泽东就忙喊"润之先生"。毛泽东要求优待他，然而下面的一些基层干部和群众不讲政策，在审判大会上出于义愤还是把他杀掉。毛泽东对此很不高兴，要求以后优待俘虏也要包括高级军官。

　　第一次反"围剿"刚结束，国民党军接着又派何应钦率领 20 万大军进行第二次"围剿"，出现了"二十万军重入赣，风烟滚滚来天半"的严重局面。

面对强敌压境,当时中央苏区的党内领导中产生了严重争论。鉴于红一方面军只有 3 万多人,党中央刚从上海派来的中央局书记项英主张撤出江西根据地,并按照共产国际主席布哈林过去的讲法,认为四川是最好的建立根据地的地方,如果按这种意见办,中央红军等于提前三年多就要进行长征。毛泽东坚决反对这种意见,认为根据地内群众条件好,红军数量虽少,依靠群众仍然能战胜敌人。当时他在词中所写的"唤起工农千百万,同心干,教他片甲都不还",正是在会议争论中的表态在诗词中的体现。毛泽东同项英等领导人争论了一个月,还没有得出结果,国民党的20 万"围剿"军已经四面包围上来,于是只好停止争论,由毛泽东指挥作战。

毛泽东提出在根据地内作战,是由于当地有最好的群众基础。以当时红一方面军主力隐蔽的兴国县而言,这里不仅是扩大红军的头等模范县,也是全民参战的典型县。在保卫土地的动员下,没有参加红军的成年人也大都参加了相当于后来民兵性质的赤卫队,女人参加了妇女会,连少年儿童都在赤少队、儿童团的旗帜下手持红樱枪站岗放哨查路条。这种根据地内的"全民皆兵",使敌人一旦进入这里便四面受敌,还如聋似瞎,简直像陷进了泥潭。在第二次反"围剿"时,毛泽东率领 3 万多红军就在兴国县的一个乡里隐蔽了半个月,由于群众帮助封锁消息,20 万国民党军竟找不到这么多红军藏在哪里。在敌人被群众武装的袭扰拖得疲惫不堪时,毛泽东便率军突然出击。

当时红军数量虽少,却有群众掩护,在第一次反"围剿"中又首次缴获了国民党军的无线电收报机,昏聩的国民党军还麻痹大意而继续用明码发报,结果其每个师的位置和行动路线、出发时间被红军通过无线电监听摸得一清二楚。于是毛泽东指挥红军各个击破,半个月里行军 700 里,连打5仗。由于红军每一仗集中兵力打一个师,连续消灭和击溃国民党军5个师,又出现了毛泽东所形容的"横扫千军如卷席"的场面。

有了像兴国这样的群众性实践,才为人民战争思想的形成奠定了基础。当年,毛泽东正是在总结兴国县"第一等工作"的时候,提出了这样的名言——

"革命战争是群众的战争,只有动员群众才能进行战争,只有依靠群众才能进行战争。"

"真正的铜墙铁壁是什么? 是群众,是千百万真心实意拥护革命的群众。"

如今的人们重读反"围剿"斗争中写下的两首《渔家傲》,可以深深感到,如果不是战争的亲历者,如果不是豪迈的胜利者,是写不出这样轻快又充满战斗节奏的诗词的。取得第一、第二这两次反"围剿"的大胜利后,毛泽东在中央红军中的威信完全树立起来,第三次反"围剿"时全军都心悦诚服地服从毛泽东指挥。

3. 毛泽东诗词中表现了一种怎样的战争观?

毛泽东所写的战斗诗词与古代诗人有一个重大区别,就是有乐观的风格和不同的战争观。中国古人描写战争,多是"车辚辚、马萧萧"的凄凉场面和兵凶战危的悲哀。毛泽东在转战中写下的诗词,却充满了乐观的情怀以及浪漫主义的创作风格,曾是血雨腥风的战场在他笔下出现一种"今朝更好看"的美景。

从毛泽东在战争中创作的诗词中可以看出,从美学主题而论,其典型的特征是蕴涵着一种艺术审美张力,把革命战争描绘成最雄壮的图景,予以大力颂扬和讴歌。这种艺术手法,从深层次而论,恰恰体现出毛泽东所坚持的一种马克思主义的战争观，那就是把革命战争看成是一种伟大的历史洗涤剂，进步的人士要拥护革命战争，并以革命战争消灭反革命战争，而不是像古代的许多诗人那样笼统地反对一切战争，并把一切战争都写得凄凄惨惨。毛泽东在 1930 年夏天所写《蝶恋花·从汀州向长沙》，就把出师行动写成"六月天兵征腐恶，万丈长缨要把鲲鹏缚"。为了在征途中奋勉自励，毛泽东还写下了"国际悲歌歌一曲，狂飙为我从天落"这样的词句。这样的战争诗词，不会给人沉重压抑的感觉，带给人们的是热血沸腾和欢欣鼓舞。

　　1933 年夏天，已经离开红军、在红色首都江西瑞金担任中华苏维埃共和国主席这一政府职务的毛泽东，来到了城北的大柏地村。这里是 4 年前朱毛率红军下井冈山后打伏击的一个战场，通过在伏击中消灭敌军的追兵两个团，才摆脱了危险的处境。昔日的战场重游，毛泽东写下了一首著名的词作《菩萨蛮·大柏地》：

赤橙黄绿青蓝紫，
谁持彩练当空舞？
雨后复斜阳，
关山阵阵苍。

当年鏖战急，
弹洞前村壁。
装点此关山，
今朝更好看。

毛泽东写这首词时心情并不好，当时原在上海的中共临时中央已经迁到江西瑞金，一些"洋房子先生"排斥"山沟里"的领导，毛泽东虽然名义上还是中国革命政权的最高领袖，是中华苏维埃共和国的"毛主席"，却失去了对红军的领导权，只能做一些行政工作。

古代政坛人士在仕途遇挫或不得志时重游旧地，往往会发出壮志难酬的哀叹。此时毛泽东虽然也是境遇不佳，却与古代文人墨客在精神境界上截然不同。他没有个人的感叹，而是以乐观的精神看待形势，并把个人的前景与整个革命事业溶为一体。正是出于这种境界，毛泽东笔下的昔日战地，出现的是"赤橙黄绿青蓝紫"的美丽景象，而且"彩练当空舞"这句话中的一个"舞"字，就使彩虹的静态美在瞬间的新奇想象中化成了动态美，把静态的彩虹写成活跃的动态景物。当然，"谁持彩练当空舞"可能也是借景物描写含有一种政治寓意，即是毛泽东和中国共产党人能够最终主导这如画江山。

这首词的后四句，把"当年鏖战急"在村中墙壁上留下的弹洞，视为装点关山的装饰品，更是一反过去文人凭吊旧战场的悲凉。毛泽东描写墙上的弹洞，没有着力表现战斗的残酷、战争遗迹的苍凉，而是以极富浪漫色彩的笔调写道："装点此江山，今朝更好看。"这种诗风，是将沉重化为轻松，将血腥写成和谐，把弹痕与大好关山相映成趣，表现的是一种充满英雄主义的壮美意境。

通过阅读毛泽东这段非常典型的战争场景描写，人们可以感受到"当年鏖战急"的意义是争取美好的胜利前景，前村壁上的弹痕累累的墙壁，可以视为革命斗争的光荣纪念碑。毛泽东思想中的革命战争观，在这里以诗化语言体现得淋漓尽致。

毛泽东写完这首《菩萨蛮·大柏地》之后几个月，国民党军又发动了对中央苏区的第五次"围剿"。经过一年多激战，由于临时中央"左"的错误思想的指导,中央根据地越打越小,到1934年夏天已由鼎盛时的二十余个县被压缩到只剩7个县,而且国民党军还准备发动最后总攻。红军为避免全军覆没,不能不考虑突围长征。

长征前夕,毛泽东到南线的会昌了解情况,带有研究突围方向的使命。在会昌期间,毛泽东曾在粤赣省委干部和警卫人员陪同下,登上会昌城西北的山峰,望着连绵不断的山峦,触景生情写下了一首词,题为《清平乐·会昌》:

> 东方欲晓,
>
> 莫道君行早。
>
> 踏遍青山人未老,
>
> 风景这边独好。
>
> 会昌城外高峰,
>
> 颠连直接东溟。
>
> 战士指看南粤,
>
> 更加郁郁葱葱。

解放后发表这首词时,毛泽东曾写过如下一段自注:"1934年,形势危急,准备长征,心情又是郁闷的。"写这首《清平乐·会昌》时,毛泽东自认为心情郁闷,这不仅是个人受到排斥,更重要的是看到红军处境危险,奋斗多年开辟出的中央根据地可能要全部放弃,中国革命在错误路线的指导下几乎陷入绝境。就是在这种心境下,毛泽东的笔下仍无哀伤情调,仍充满了乐观和奋斗的精神,他还有"踏遍青山人未老"的豪情,仍有"风

景这边独好"也就是革命事业必胜的信念。回顾当时的险恶历史再读这
首词,尽管事过七十多年,仍不能不使人对毛泽东油然而生敬佩之情。

　　写完《清平乐·会昌》后仅 4 个月,中央红军得到了国民党即将实行
"铁桶计划"的消息,也就是对中央苏区剩下的 7 个县进行合围总攻的计
划,再不突围就可能全军覆没。于是,1934 年 10 月中旬,中央红军 8 万
多人秘密向西突围,从此开始了长征。此前毛泽东刚患一场疟疾,打摆
子,高烧几天,都出现了生命危险,幸亏由红军中的神医傅连暲抢救,才转
危为安。不过病愈后他行走都困难,知道部队要长征,于是自己设计了一
个担架。据张闻天的夫人刘英回忆,这个担架是竹子做的,上面盖着个弧
形的油布盖,既轻便又能防雨。毛泽东就是坐上这个自己设计的担架,被
抬着走上了万里长征之路。长征走了一个多月后,他的身体好些,又经常
骑着那匹大白马行军。在几十万敌军围攻堵截、行军条件又异常艰苦的
条件下,毛泽东却进入下一个诗词创作高峰期。

4. 长征路上的毛泽东在什么时候写诗词?

　　我曾经问过一些在长征中跟随毛泽东的前辈,据他们讲,长征途中毛
泽东生活和工作规律大致是这样的:每天晚间部队行军到宿营地,指战员
们可以休息入睡,毛泽东却要开始工作。在马灯下,他要查阅送来的电报
和地图,一面抓衣服上的虱子一面思考下一步行动,总是彻夜工作。早上
部队出发后,他非常疲劳,便躺在担架上断断续续睡觉,遇到难走的地段,
为了减轻担架员负担又要下来步行。到了下午他精神好些,通常骑马行
军,有时边走还边与身边的领导人研讨问题。

　　如此看来,在长征途中,毛泽东晚间忙于工作,基本没有时间思考作

诗填词,上午又大都在担架上睡觉,只有下午骑在马上行军时有闲暇独自瞭望四周景色,并激起诗情。长征途中毛泽东的诗词,可以说完全如同他后来的总结的那样,都是名副其实的"马背上哼成的"。

诗词创作需要激情,从毛泽东在长征中的行军和生活规律看,恐怕正是在马背上的时候才容易产生激情。长期在毛泽东身边的人都知道,这位领袖生活中长期有两难,一是失眠,二是便秘,尤其是失眠困扰了毛泽东近半个世纪。据黄克诚大将回忆,从1927年大革命失败起,毛泽东就经常日夜不眠地考虑中国革命的问题。再加上战争中日行军、夜行军交替进行,经常是晨昏颠倒,毛泽东从那时起就患了严重的失眠症。到延安后,他才有条件获得安眠药,毛泽东通常要靠药物入睡,一直至晚年几乎天天离不开安眠药,而且遇到重大问题往往吃三次安眠药还睡不着。

在长征途中,一般没有可能获得安眠药,毛泽东在多数时间只能夜间在宿营地工作,上午在担架上睡觉,下午骑马的时候恰恰是精神比较兴奋的时候,能够在马上推敲诗句,到宿营地就把它记下来。从毛泽东在长征中最早创作的《十六字令三首》来看,就是在翻越广西至贵州的丛山峻岭时的即景创作。

十六字令三首

一九三四年到一九三五年

山,快马加鞭未下鞍。惊回首,离天三尺三。

山,倒海翻江卷巨澜。奔腾急,万马战犹酣。

山,刺破青天锷未残。天欲堕,赖以拄其间。

　　从毛泽东一生的诗作来看,他喜欢描写山景,尤其喜欢大山、高山、险山。《十六字令》中所写的山,在某种意义上不再是自然界中的山川,而是经过作者的艺术想象而升华出的山,象征着红军长征的艰难。

　　这三首十六字令,加在一起不过48个字,却有大气势,而且境界博大雄浑,豪放洒脱,气韵天成,句句是神来之笔。毛泽东自己标明写作时间为"一九三四年到一九三五年",可见是经过行军中长时间的酝酿、修改和润色才定稿的。从地理位置看,1934年12月至1935年1月红军跋涉于广西、湖南、贵州三省间的丛山之间,当地山区的景色引发了毛泽东的创作热情。

　　这三首小令以艺术的方式写山,充满了诗人大胆的想象力。本来,现实中的山是静物,可是在毛泽东笔下却成了"山,倒海翻江卷巨澜。奔腾急,万马战犹酣。"由此可以看出来,他骑在那匹大白马上奔走,山脉看起来就像是江海那样翻腾起波浪来,而且鼓舞其迎接战斗。再如"山,刺破青天锷未残。天欲堕,赖以拄其间"的艺术描写,不仅笔法雄奇,还有深刻的寓意。

　　在那种民族危亡,红军危急,已接近天穹崩塌的时刻,毛泽东的笔下有擎天之志,从这些词句中会发现一个伟人面对艰险所表现出的非凡意志,以及对革命事业必胜的自信。可以说,这三首十六字令有着狂潮奔涌、排山倒海的气势,是一代巨人的心灵回响,将始终回响在历史回音壁之上,在中国诗词创作史上也是一尊不朽的丰碑。

　　在长征的艰苦征程中,毛泽东除了写下这种气壮山河的诗词外,还作一些打油诗,可惜没有流传下来。据长征时担任中央总负责的张闻天的夫人刘英回忆,在翻越长征中遇到的第一座高山即广西、湖南交界的老山界时,山路险峻,张闻天由于疲倦在马上打瞌睡,马失前蹄摔到山沟里,幸亏没有受伤。毛泽东当即作了一首打油诗,刘英事过多年后已经记不起全文,只记得里面有一句是"四脚朝天滚下山"。此时毛泽东与张闻天一起行军,关系也非常密切,正是在张闻天支持下召开了遵义会议。毛泽东以作诗来开玩笑,恰恰说明在那么艰险的环境下还能苦中作乐,有着乐观主义的精神。

5. 为什么取得娄山关大捷后毛泽东作词仍心情沉郁呢?

1935年1月5日,中央红军先头部队占领贵州北部大城遵义,此后第四天、第五天中央机关陆续入城。此刻黔军师长柏辉章原先的豪华住宅已是人去楼空,正好成了军委的办公地,中央政治局也在此召开了扩大会议。此时红军处于转战之中,强调不要将涉及机密问题的只字片纸落入敌手,因此会议没有记录,在中央随军携带的铁皮箱子里只留下一份会前起草、会议期间通过的决议案。对遵义会议的时间,有人回忆开了3天,有的当事者回忆开了一个星期。不过对会议的基本内容和形成的决定,当事者回忆的都是一致的。

在遵义会议上,毛泽东、张闻天、王稼祥等人系统批判了前一时期错误的军事路线,周恩来等人也拥护毛泽东的正确领导。会议决定毛泽东为中央政治局常委,并作为周恩来"军事指挥上的帮助者",这样在事实上确立了毛泽东在全党全军的领导地位。

遵义会议后,中央随部队继续行军,进入云南扎西境内后在晚间宿营地连续开会。2月4日至5日,在四川、贵州、云南三省交界处的一个名为"鸡鸣三省"的村庄里,中央政治局开会决定反攻遵义,博古将党的总负责职务正式交给向张闻天。

遵义会议后,毛泽东回到了红军的领导岗位。由于当时党的主要任务是指挥战争,掌握了军事指挥权就等于确定了党的领袖地位。然而当时的形势仍十分严峻,毛泽东在遵义会议后指挥打的第一仗土城之战没有打好,加上川军以重兵拦阻布防,中央红军原定渡长江北上的计划被迫取消,于 1935 年 2 月又回师贵州北部,取得娄山关—遵义大捷,这是长征以来的第一个大胜仗。然而在这次胜利后,毛泽东又写了一首既有些悲凉,又有豪迈之气的《忆秦娥·娄山关》:

> 西风烈,
> 长空雁叫霜晨月。
> 霜晨月,
> 马蹄声碎,喇叭声咽。
>
> 雄关漫道真如铁,
> 而今迈步从头越。
> 从头越,
> 苍山如海,残阳如血。

对这首词,毛泽东后来于 1958 年 12 月 21 日的批注中解释,"心情是沉郁的"。从当时的情况看,中央红军虽打了一场胜仗,兵力仍只有 3 万人,国民党中央军、川军、黔军、滇军几十万人在四周包围,当地又没有根据地可以依托,刚打下的遵义也必须放弃,红军下一步还要转移,至于去向何方也还在考虑。在此情况下,作为统帅的毛泽东心情如何能不沉郁,这首《忆秦娥》的上半阕,就显示出悲凉之气,而且与李白当初所写的《忆秦娥》原词的韵脚风格都一样。

据考证,《忆秦娥》词牌为李白所创,原词的全文是:

箫声咽,

秦娥梦断秦楼月。

秦楼月,

年年柳色,

灞陵伤别。

乐游原上清秋节,

咸阳古道音尘绝。

音尘绝,

西风残照,

汉家陵阙。

　　毛泽东的《忆秦娥》词作高于李白原词之处,主要是下阕意境之阔大,画面之壮美,敢于挑战雄关,要"迈步从头越"。两首《忆秦娥》作者的身份和处境不同,毛泽东是亲自指挥战争的军事家,笔下是战场纪实;李白毕竟是未从军的文人,只是发思古之幽情。毛泽东诗词的意境,自然是中国历史上的绝大多数文人墨客所远远不能企及的。

　　谈到这首词中的"雄关漫道真如铁"一句,过去许多人的理解是雄伟的山关和漫长的道路,其实应该这么解释,那就是——别说雄关如铁,红军照样能从头迈越,"漫道"这两个字的意思应该是"别说",而不是指道路。如此理解,更体现了词中无畏的气魄,表现出遇到挫折后要重整旗鼓再出发的坚忍意志。此词的最后两句"苍山如海,残阳如血"的描写,多少表露出一些山重水复、前景未卜的忧虑,这在当时的环境下也是沉郁心情的如实写照。

6. 为什么过了岷山毛泽东的心情就"豁然开朗"?

1935 年 4 月,中央红军经过四渡赤水,一时摆脱险境。同年 6 月至 9 月初,红军经历了爬雪山过草地的艰难行军,经历了最困难的考验。1935 年 9 月 18 日,中央红军走出甘肃的腊子口后,到达甘肃哈达铺。此时,中央红军已经走过了岷山山脉,毛泽东的心情欢快了起来,诗词创作又进入了一个高峰。1958 年 12 月 21 日毛泽东曾于自己的诗词批注中解释说:

"万里长征,千回百折,顺利少于困难不知有多少倍,心情是沉郁的。过了岷山,豁然开朗,转化到了反面,柳暗花明又一村了。"

后来毛泽东在《长征》诗中有一句"更喜岷山千里雪,三军过后尽开颜"。这恰恰也说明,红军长征过了岷山,也就是出了四川北部的草地,再突破天险腊子口,全军就非常欢喜。

据一些当年的基层红军战士回忆,他们走出岷山到达哈达铺后,红军在这里休整了 5 天,将一、三军团和中央纵队改编为陕甘支队,提出的口号是"让部队吃好",以尽快恢复过草地时严重消耗的体力。由于指战员们在藏民区和草地缺粮饿了近 3 个月,到那里总算找到了大批粮食,还有肉,有吃有喝,说是"天天像过年",如同从地狱到了天堂,名副其实的是"尽开颜"。不过作为全军统帅的毛泽东,自然会从战略全局考虑问题。

中央红军过了岷山后,这时人数从江西出发的 8 万人减少到 8000 人,然而却进入了陕甘高原。这里没有国民党的重兵,而且由于哈达铺镇子较大并有邮电所,红军找到一些旧报纸,其中《晋阳日报》刊登了山西军阎阎锡山夸张性的讲话称:"陕北刘志丹赤匪部已占领六座县城,拥有正规红军五万人,游击队、赤卫队和少先队二十余万人,窥视晋西北,随时有东渡黄河的危险性。"这一消息,对中央红军真是天大的喜讯。

从报纸上看到陕甘地区有刘志丹带领的红军,有一块红色根据地,中央马上开会决定,下一步的前进方向是陕北,这就是中国革命史上有名的"一张报纸定方向"的由来。看到快要找到立脚点,毛泽东格外兴奋。据张闻天夫人刘英回忆,9月28日中央在甘肃省通渭县榜罗镇召开政治局会议,决定到陕北去落脚。第二天也就是9月29日毛泽东在干部会上讲话时诗兴大发,当场朗诵了后来十分有名的《七律·长征》:

> 红军不怕远征难,万水千山只等闲。
> 五岭逶迤腾细浪,乌蒙磅礴走泥丸。
> 金沙浪拍云崖暖,大渡桥横铁索寒。
> 更喜岷山千里雪,三军过后尽开颜。

这首诗在1937年就由美国记者斯诺发表,并附在《西行漫记》中,可以说是在国内流传的第一首毛泽东诗作。解放后有人向毛泽东建议,应把"金沙浪拍云崖暖"中的"浪"字改为"水"字,免得与"五岭逶迤腾细浪"中的"浪"字重复,毛泽东采纳这一意见,后来在出版诗词集时改了这个字。不过我看"浪"改"水"并不一定有必要,"浪"字虽不重复了,改成"水"字却又同"万水千山只等闲"重复。

毛泽东在1965年7月21日致陈毅时曾说过:"我偶尔写过几首七律,没有一首是我自己满意的。"七律即七言律诗,是律诗的一种,每篇一般为八句,每句七个字。七律的韵脚规定是偶句末一字押平声韵,首句末字可押可不押,必须一韵到底,而且句内和句间要讲平仄,中间四句按常规要用对仗。尽管毛泽东不太喜欢写律诗,对这首《七律·长征》还是十分喜爱,一再抄送给友人,因为这首诗是对长征这段中国革命史上最艰苦历程的艺术总结和概括。

在向陕北根据地前进的路上,毛泽东非常兴奋,在大白马的背上又是诗兴大发。此时经历了长征,中央红军损失严重,但是毛泽东没有写消极的一面,而认为人数虽然少了,剩下的都是革命的精华。这如同大树经历了风雨吹去了枝叶,树根却保留了下来,有了好的环境又可以枝叶繁茂。因此,毛泽东在长征结束时是以胜利者的气概,写下了"红军不怕远征难,万水千山只等闲"的名句,的确表现了他乐观和和豪迈的精神。

从哈达铺定方向,到进入陕北苏区的近一个月间,毛泽东又连续吟诵出好几首诗词。除了那首在全中国多少年间脍炙人口的《七律·长征》外,毛泽东又写下了有名的《念奴娇·昆仑》:

> 横空出世,莽昆仑,阅尽人间春色。
>
> 飞起玉龙三百万,搅得周天寒彻。
>
> 夏日消溶,江河横溢,人或为鱼鳖。
>
> 千秋功罪,谁人曾与评说?
>
> 而今我谓昆仑:不要这高,不要这多雪。
>
> 安得倚天抽宝剑,把汝裁为三截?
>
> 一截遗欧,一截赠美,一截还东国。
>
> 太平世界,环球同此凉热。

以上文字是这首词后来经毛泽东修改后的定稿,与当年的原稿相对照,只是改动了几个字。这首《念奴娇》的意境,又堪称气吞山河,而且从思想境界上看可以说超过以往的任何一首。宋朝曾有著名的词派称为豪放派,以苏东坡和辛弃疾为代表,苏轼的《念奴娇·赤壁怀古》就是典型代表。毛泽东的这首《念奴娇》与苏东坡的那首千古名篇的风格有相似之处,在浪漫主义的情调上,以及对时间描写的广度力度和气概上都远远过之。

在写这首词之前,毛泽东的诗词咏叹所及,范围已是纵横万千,还只是谈论国内形势。这首词却是以站在顶峰的角度来看待整个人类和地球。在历史上,面对绵亘数千里的茫茫昆仑,中国历代文人们往往顶礼膜拜,把它当成神仙幻境。毛泽东虽然没有到过昆仑山,却通过岷山之行,联想到昆仑上的雄伟,却又要倚天挥剑,把它裁为三截,分别赠给欧洲、美洲和亚洲。按照现在的话讲,是要把多雪的昆仑山变成一个大空调器,改变炎凉不平,让全世界人民共享太平。共产党人解放全人类的思想,以及中国传统的天下大同的观念,在这首词中溶为一体。这等气度,这等魄力,可以说是一个领袖抱负的浪漫诗化表述。

在接近陕北根据地时,毛泽东心情更为兴奋,10月7日翻越六盘山后,又写下了《清平乐·六盘山》。对这首词写于什么时间,一些当事者的回忆有所不同,不过大致在翻过此山后不久,估计是在落脚根据地之初。这首词早在20世纪40年代传抄发表于一些革命刊物,却有一些错讹。

1957年《清平乐·六盘山》在《诗刊》创刊号上发表时,下阕第二句是"旄头漫卷西风"。1961年9月,毛泽东为宁夏干部书写此词时,将"旄头"改为"红旗",最后审定的诗篇文字是:

清平乐·六盘山

天高云淡，
望断南飞雁。
不到长城非好汉，
屈指行程二万。

六盘山上高峰，
红旗漫卷西风。
今日长缨在手，
何时缚住苍龙？

在此词中，作者有着"天高云淡，望断南飞雁"的轻快之感，又有"不到长城非好汉，屈指行程二万"的胜利在望之心，表明到达陕甘根据地已经指日可待，艰苦卓绝的长征即将结束。

红军进入陕北根据地之时，彭德怀又指挥部队打退了追击的马家骑兵，毛泽东高兴之余又写下一首《六言诗·给彭德怀同志》，全文是：

山高路远坑深，大军纵横驰奔。
谁敢横刀立马？惟我彭大将军！

后来彭德怀回忆,刚到陕北时的毛泽东"经常挥笔写诗、写词或写别的什么,一有空就是写呀! 写呀! 写个不停"。当时陕甘根据地面积不大,又特别贫瘠,到达陕北后毛泽东仍骑着白马转战各地,1936 年 2 月率红军东渡黄河进入山西前又写下一首著名的《沁园春·雪》。可以说,这首气魄盖千古的词作,是毛泽东在内战里马背转战哼诗的卷尾作。

7. 为什么毛泽东称丁玲由"文小姐"变成"武将军"?

1936 年春毛泽东率红军东征山西返回陕北后,先到瓦窑堡,后来又转往保安县(今志丹县)。这个荒僻的县城只有一条黄土飞扬的土路和几百眼破窑洞,居民不过千人。在这里,毛泽东有了一段相对安定的环境,进行了极其重要的经验总结和理论研究工作。这一年 11 月,刚刚从南京逃出而赶到苏区的著名女作家丁玲到达了保安。这位毕业于陶斯咏所主办的学校的女作家,毛泽东久闻其名,也知道她在文学上的成就,却未曾谋面,对她在革命事业十分困难的时候来到陕北革命根据地也十分高兴。丁玲虽早在中学时就敬慕橘子洲头的这位"润之先生",在上海从事"左联"工作时又经常听到"朱毛红军"英勇奋斗的消息,不过真正与毛泽东的直接谈话和面对面的接触这还是第一次。二人第一次在窑洞里坐定谈话,毛泽东就询问丁玲的打算,所得到的爽快而又坚定地回答是:"当兵,当红军。"

这句当年经常能听到的话,并不是出于一个饥寒交迫要找出路的贫苦农民之口,而是发自一个抛弃了上海滩的优裕生活而甘愿到艰险荒僻之地来奋斗的女作家的心声,是十分难得的。据丁玲后来回忆,听到这话,毛泽东十分高兴地说:"好呀! 最近可能还有一仗打,正赶得上,就跟杨尚昆他们领导的前方总政治部到前线去吧!"这样,丁玲在保安只住了 12 天,便骑着战马,身着红军的军装,头顶红星,领佩红章,奔赴陇东前线。

在终日敌机低空轰鸣扫射,大队骑兵卷起漫天烟尘的陇东和宁夏南部前线,丁玲首次亲眼经受了战火的洗礼。她认识了红军里的许多领导同志,如彭德怀、左权等人,采访了山城堡战斗,还接触了许多红军干部、战士。丁玲离开保安赴西征前线后,毛泽东有感于上次见面激起的诗情,在拍给陇东前线的红一军团政委聂荣臻的电报中,附上了赠送丁玲的一首词《临江仙》。由于丁玲此时在各单位之间奔走,一时未能看到。西安事变后战局稳定下来,1937 年元旦丁玲到达甘肃庆阳,才看到了毛泽东的这首词。后来丁玲到延安见到了毛泽东,又希望能手书一份相赠。毛泽东便在一张巴掌大的白色油光纸上用毛笔以横书格式写下了十行字,没有标题目和词牌,也没有落款。这首词,便是几个月前在电报中附上的那首《临江仙》:

> 壁上红旗飘落照
> 西风漫卷孤城
> 保安人物一时新
> 洞中开宴会
> 招待出牢人
>
> 纤笔一枝谁与似
> 三千毛瑟精兵
> 阵图开向陇山东
> 昨天文小姐
> 今日武将军

当时,毛泽东亲自下令任命丁玲为中央警卫团政治处副主任,使她真的做了"武将军"。这首词的上阕,描述的是"出牢人"丁玲初到保安参加宴会的情景。这首词的下阕,则称赞了丁玲这位"文小姐",从军到西征前线成为"武将军"。词中"纤笔一枝谁与似,三千毛瑟精兵",引用的是孙中山 1922 年与报界谈话时所说的一名言——"常言谓,一支笔胜于三千毛瑟枪",是对丁玲及其创作的高度评价。德国制的毛瑟手枪,当时俗称"盒子炮",在国内被认为是最好的步兵武器。

令后人感到欣慰的是,以后历经战火和政治运动的劫难,此件经丁玲的友人胡风夫妇的帮助,还终于保存下来。1980 年胡风得到平反并再度迁居北京,又同夫人将这份毛泽东的手迹送还丁玲本人。不久,丁玲将其发表,国人不仅得以知道毛泽东当年对"文小姐"的赞誉,也欣赏到了那龙飞凤舞的书法。

当年毛泽东对丁玲这样一位刚刚参军的女作家亲自任命,在战争年代是少有的。在毛泽东一生中写下的诗文中,如此盛赞一位妇女,更是十分罕见。此时红军刚结束长征,新的斗争时期开始,陆续有大批革命知识分子前来陕北,毛泽东对丁玲的赠诗,正寄托了对新加入斗争队伍的同志的欢迎和期望。

8. 为什么毛泽东进入延安后就很少有诗作?

1936 年 12 月发生了西安事变,1937 年 1 月国民党军放弃了延安,毛泽东率中共中央随即进驻了这座当时陕北最大的县城。进入延安后,毛泽东才结束了马背上的转战生活,有了为时 10 年的安定生活。长征时跟随毛泽东的马夫老侯同其他人说,主席老也不骑马了。毛泽东结束了马背生活后,就很少再动笔写诗。

毛泽东在延安的 10 年,也就是从 1937—1947 年,却是他一生中理论著作创作的巅峰期,《毛泽东选集》的雄文四卷,其中差不多有 2/3 的篇幅是在延安所写,毛泽东思想的成熟和完全形成正是在这一时期。在这段忙于撰写理论著作的时期,毛泽东自己认为"一点诗兴都没有"。从我个人的理解,诗词创作需要强烈的浪漫主义色彩,而理论研究却需要高度的严谨,来不得浪漫,因此注重理论研究或具体的精细事务的人很难激发起诗兴。

记得十几年前,我曾问过长年在周恩来身边工作的原总参作战部副部长雷英夫少将:"周总理为什么不写诗?"雷英夫马上回答:"我当年也当面向总理问过同样的问题。"他说曾问过周恩来:"主席写了那么多诗词,为什么您就不写诗?"周总理笑笑回答:"我的工作性质不能浪漫,所以不适合写诗。"

其实若是仔细研究周恩来生平,他年轻时也曾写过诗,如 1917 年周恩来从南开学校前往日本留学前为表述救国抱负,曾写下"大江歌罢掉头东"这首著名诗篇。后来周恩来长期在党内从事具体的事务性工作,每天日理万机,既没有时间也没有兴致写诗。

毛泽东在延安的 10 年间,集中精力于理论研究和写作。据他身边的警卫人员回忆,毛主席思考和写作《论持久战》等文章时高度聚精会神,桌子下面的炭火盆把他的裤子、棉鞋烧坏了都没感觉到。研究文字和诗词的人,可能会对毛泽东在延安时期没有留下几篇诗作感到遗憾,然而学习毛泽东理论著作的人则会感谢他在这一时期的理论创造。

1947 年 3 月,毛泽东撤出延安,国民党胡宗南部以重兵进攻陕北。毛泽东撤出延安后,因道路崎岖,加上要隐蔽,于是不再乘坐爱国华侨送给他的那部救护车,又骑上大白马转战陕北几个月。在路上,他又恢复了吟诵诗词的爱好。在他身边的工作人员，后来曾经抄下过几首诗作，如《五律·张冠军道中》《五律·喜闻捷报》，20 世纪 90 年代这两首诗还曾正式发表，看后颇有一些唐代边塞诗的风格。不过这两首诗并没有留下毛泽东原始手迹，生前也未得到审阅和认定，有的专家看到后曾怀疑是伪作，或许是抄录别人的诗作。

我个人读这两首诗，再对照诗中的语言描写和当时的历史情况，也感到有些疑问。不过有一点还可以肯定，那就是毛泽东恢复了马上的转战生活，吟诗的兴趣又勃然兴起。据当时任华东野战军司令员的陈毅回忆，1947 年他到陕北见毛泽东，谈论起华东战场的胜利，毛泽东马上就问他有无诗作，两人并一起切磋诗词。由此可见，马背上转战的激情，是与毛泽东的诗兴紧密相连的。

1947 年秋天，人民解放军转入战略进攻，毛泽东在中央十二月会议上兴奋地说，多年未解决的优势问题，现在解决了。这次会议也决定，不再同国民党进行和谈，要把战争一直进行到解放全中国。1948 年 3 月，毛泽东离开陕北东渡黄河，就此不再骑那匹大白马，而是坐上了缴获的美制吉普车直驶河北西柏坡。为激励全国军民夺取胜利，此时他又写了"军队向前进，生产长一寸，加强纪律性，革命无不胜"这样的白话诗。

面对着新中国的曙光已经出现，毛泽东从此永远结束了在马背上哼诗，却又在新的环境中书写新的诗篇。

第四章 词坛笔战

　　回顾毛泽东一生的诗词创作，在进驻延安后的10年间是一个低谷期，按照他在1941年给儿子的信中所说是"一点诗兴都没有"。不过在此期间，毛泽东也并非完全不写诗词，出于统战工作的需要也写过少量用于公开场合的诗词。抗战结束时到重庆谈判，毛泽东又以过去写下的诗词会友，还引发了一场进步人士同国民党文人的诗词大战。

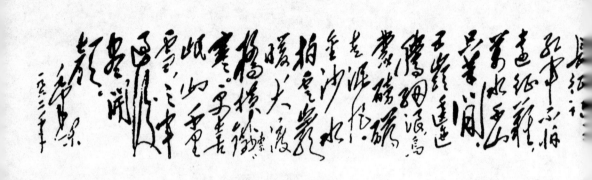

长征

红军不怕远征难，万水千山只等闲。五岭逶迤腾细浪，乌蒙磅礴走泥丸。金沙水拍云崖暖，大渡桥横铁索寒。更喜岷山千里雪，三军过后尽开颜。

毛泽东

1. 毛泽东在延安时期创作过哪些诗词？

　　1937年1月，毛泽东和中共中央离开了陕北荒凉的保安县（如今的志丹县），进入了延安城。这时全国政治形势发生了巨大变化，过去血战十年的国共两党在共同抗日的前提下又开始走到一起。为了促进全民族团结，毛泽东也发挥了诗文方面的深厚底蕴，在统战工作中用诗文阐明了中国共产党的政治主张。

　　进入延安后的毛泽东离开了战场和马背生活，没有再写过去那种有战斗激情的诗作。不过为了工作需要，也以四言韵语写过题词。刚进入延安不久，他就为《中国妇女》的出版写了四言诗题。全文是：

> 妇女解放，突起异军。
>
> 两万万众，奋发为雄。
>
> 男女并驾，如日方东。
>
> 以此制敌，何敌不倾？

> 到之之法,艰苦斗争。
>
> 世无难事,有志竟成。
>
> 有妇人焉,如旱望云。
>
> 此编之作,伫看风行。

写这种四言韵语式的文字,毛泽东是轻车熟路,在井冈山斗争中他就以这种形式发布了红四军司令部布告。此时他为了激励全国妇女投入于抗日斗争,实现全民族团结,又写下了这首四言诗。全诗语言直白,却大气磅礴,正好适应了当时建立抗日民族统一战线的需要。

1937年4月清明节时,国共两党都派代表祭祀了陕西黄帝陵,向华夏民族的始祖致敬。毛泽东以他和朱德的名义,写了长篇四言诗作为祭黄帝文,并派林伯渠作为代表到黄帝陵献鲜花时果并献诗致祭。祭文的全文如下:

> 赫赫始祖,吾华肇造,
>
> 胄衍祀绵,岳峨河浩。
>
> 聪明睿知,光被遐荒,
>
> 建此伟业,雄立东方。
>
> 世变沧桑,中更蹉跌,
>
> 越数千年,强邻蔑德。
>
> 琉台不守,三韩为墟,
>
> 辽海燕冀,汉奸何多!

以地事敌,敌欲岂足?

人执笞绳,我为奴辱。

懿维我祖,命世之英,

涿鹿奋战,区宇以宁。

岂其苗裔,不武如斯,

泱泱大国,让其沦胥?

东等不才,剑屦俱奋,

万里崎岖,为国效命。

频年苦斗,备历险夷,

匈奴未灭,何以家为?

各党各界,团结坚固,

不论军民,不分贫富。

民族阵线,救国良方,

四万万众,坚决抵抗。

民主共和,改革内政,

亿兆一心,战则必胜。

还我河山,卫我国权,

此物此志,永矢勿谖。

经武整军,昭告列祖,

实鉴临之,皇天后土。

尚飨!

　　毛泽东这篇四言韵语祭文,以诗化文字表明了对黄帝这个"赫赫始祖"的敬重,阐明了中国共产党主张"各党各界,团结坚固"。同时,祭文中历数了日本自占领琉球、台湾后对中国的节节入侵,其词句精练,显示以民族大义为重和促进国共两党一致抗战的诚意,也堪称历史性祭文中的精品。

2. 从悼戴安澜的诗作看,毛泽东是否真不擅长五律?

熟悉毛泽东诗词的人,看到毛主席于 1965 年 7 月致陈毅的一封信中说过"我对五言律,从来没有学习过",以为他不擅长五律。然而在抗战期间他写过一首五律,原题为《海鸥将军千古》,其全文是:

> 外侮需人御,
> 将军赋采薇。
> 师称机械化,
> 勇夺虎罴威。
> 浴血东瓜守,
> 驱倭棠吉归。
> 沙场竟殒命,
> 壮志也无违。

若追溯毛泽东诗词创作的历程,他早年在师范学校时就写过悼同学的五律诗,从抗战时期用五律写的这首悼戴安澜的诗也可看出他写五律也有功底,至于说"没有学习过"五律不过是自谦之词。

五律是律诗的一种,要求较严,不甚好写。其每篇八句,每句五字,偶句末字押平声韵,必须一押到底,句内句间要讲平仄,中间四句要讲对仗。毛泽东所写的这首悼戴安澜的五律,合乎平仄对仗的要求,而且有很强的纪实性,典故也用得很好。例如这首诗第二句"将军赋采薇"就是引用自《诗经》的《采薇》篇。全诗内容饱满,语言精练,形象鲜明。当然,若是仔细分析全诗似乎表述的内在情感不多,艺术成就不及其他许多作品。这首诗于1943年3月写成,只送到追悼现场,在毛泽东生前一直没有发表,直至20世纪80年代才公诸于世。毛泽东后来讲自己从来没有发表过五律,当然也包括这一首,恐怕是出于艺术上并不满意以及其他的考虑。

毛泽东在抗战期间写这样一首悼诗,有着特殊意义。抗战期间中国阵亡的将士非常多,毛泽东却只写这么一首悼诗,并且悼念的是戴安澜这样的一个师长,这里面自然大有寓意。

1942年,国民党军精锐部队第200师师长戴安澜在远征缅甸时阵亡,翌年4月在广西举行公祭,毛泽东提前撰写了一首五律悼诗相送。此诗原来的题目是《海鸥将军千古》,这是因为戴安澜字海鸥,中国传统的习惯是对别人尊称字,对自己谦称名。例如过去的熟人称呼毛泽东要称"润之",他自己要自称"泽东"。现在有不少电视剧的编剧不懂这一传统,在编写剧中的台词时经常出错,例如让自己在讲话中称自己的字,这就出现了笑话。

当时戴安澜在国民党军内资格不算老,是黄埔三期生,职务只是一个少将师长。不过他指挥的第5军第200师是国内唯一的装备苏联T-26坦克和大批装甲车的机械化师,其地位远比其他师重要。1942年初中国远征军入缅甸作战时,第200师作为主力抗击日军立有战功,可惜蒋介石与美国、英国在指挥权上相互争夺,第5军军长杜聿明又临阵犹豫,以优势的兵力反而遭受日军迂回包围,最后远征军错误地走入野人山绝境,戴安澜在突围时中弹并在途中牺牲。

为了在入缅作战失败后鼓励军民斗志,国民政府举行了隆重的公祭仪式。毛泽东在公祭前送上这样一首诗,表明了中国共产党对抗日烈士的尊重。1936年毛泽东率领红军东征山西时,戴安澜任团长率部阻击,受到国民党当局大力表彰。对这样一个当初与毛泽东所率红军交过手的国民党将领,毛泽东不计前嫌并赠诗悼念,更显示出宏大的气度。

另外,毛泽东撰写悼念戴安澜的诗,也与当时的国内外形势有关。1941年1月,蒋介石发动皖南事变,包围并消灭新四军军部,国共两党一度到了几乎决裂并重新走向内战的程度。幸而有共同的民族敌人日本侵略者当前,国民党当局从1941年春天起被迫缓和了一下紧张的局势,不过仍称新四军为"叛军",对八路军也停止发饷。进入1941年6月以后,德国对苏联发起闪击战,同年12月间日本袭击珍珠港引发太平洋战争,国民政府马上正式对日本宣战并站到美英苏的反法西斯同盟国一边。1942年国民政府为了保持唯一能得到美英援助的国际通道,派出最精锐的第5军同第6军、第66军组成远征军进入缅甸同日军作战。在这种国际反法西斯阵营连成一片的新形势下,美英苏三国都要求国民党当局集中全力抗战,不要再打内战,蒋介石为了得到盟国援助,也不能不缓和一下和共产党的关系。这时共产党领导敌后抗日根据地在日本的残酷"扫荡"下正处于最困难的时期,于是中共中央在1942年内也一再希望与国民党改善关系。

1942年8月,蒋介石从重庆赴西安视察前向周恩来表示,希望毛泽东能从延安来见其一面。毛泽东得到这一消息,也提出愿意到西安见蒋介石一面。不过,周恩来经过分析于9月5日致电毛泽东提出"见蒋时机尚未成熟",因为蒋介石"包藏祸心,不可不防"。周恩来还提醒说,他在重庆几次当面向蒋介石提出想回延安,结果蒋都置之不理,如果这时毛泽东再来,蒋介石很可能以需要随时咨询国事为借口,把毛泽东留在重庆不让其回延安,对党的损失就太大。

毛泽东听取周恩来这一建议,便推说生病不去见蒋介石,而派林彪当代表前往。林彪作为代表有三个有利条件:一则他是蒋介石在黄埔的学生,二则他是名震全国的平型关大战的指挥员,是抗日名将,三则他刚从苏联回来有国际背景,他前往谈判蒋介石不能不另眼相待。不过,林彪到重庆后在周恩来的陪同下见了蒋介石,谈判情况果然不乐观。蒋介石一听到林彪讲起要解决新四军问题时,马上脸色就变了,以"校长"的口气教训说:"林彪同学",你讲新四军"就是不承认政府"。后来蒋介石还频频看手表,接待客人时这样做,明显是表示不耐烦,周恩来和林彪只好告辞。

毛泽东得知蒋介石并无谈判的诚意,决定自己不去重庆见蒋介石,不过仍让周恩来、林彪多方做争取工作,即便谈判没有结果,能避免内战和减少摩擦也有益。在这种形势下,国民党当局召开对在缅甸阵亡的将领戴安澜的追悼会,蒋介石和国民政府的要员都送了挽词、挽联或挽诗,毛泽东在延安也写了一首挽诗,此举很大程度也是要表达改善国共关系的愿望,同时也是显示出中国共产党人对所有抗日牺牲者的尊重,把民族利益放在党派斗争之上。

3. 毛泽东到重庆谈判时为什么同柳亚子赠送《沁园春·雪》一词?

1945 年 8 月 10 日晚间,日本向盟国乞降的消息传到中国,陪都重庆彻夜狂欢,第二天几家大报头版都以杜甫的《闻官军收河南河北》的诗句作为开头词——"剑外忽传收蓟北,初闻涕泪满衣裳"。8 月 15 日,日本天皇正式广播了《终战诏书》,虽通篇回避了"投降"二字却宣布接受盟国提出的要求,日本投降的《波茨坦宣言》,事实上等于宣布了投降。

此时,蒋介石为了抢占要求和平的道义制高点,在调兵抢占抗战胜利果实时又想用软的一手让共产党交出军队和政权,实现所谓"军令政令统一",于是邀请毛泽东前来重庆谈判。起初国民党当局认为毛泽东不会前来,出乎其预料的是,毛泽东于 8 月 28 日到达重庆,受到期望和平的各界人士的热烈欢呼。与毛泽东有过"粤海难忘共品茶"情谊的诗人柳亚子赋诗相庆,诗云:

> 阔别羊城十九秋,重逢握手喜渝州。
> 弥天大勇诚能格,遍地劳民乱尚休。
> 霖雨苍生新建国,云雷青史旧同舟。
> 中山卡尔双源合,一笑昆仑顶上头。

柳亚子在赠诗中称赞此行是"弥天大勇诚能格",这不是艺术夸张而是事实。毛泽东从延安出发前,在中央会议上就讲过"准备坐班房","如果是软禁,那倒不怕,正是要在那里办点事"。这种担心不是过虑,因为蒋介石在历史上不止一次干过撕毁承诺,扣留甚至暗害政治对手的事。例如他曾把桂系领袖李济深诱骗到南京予以扣押,西安事变后又把送他回南京的张学良长期关押。

2004 年,蒋介石日记由孙媳蒋方智怡送到美国斯坦福大学胡佛研究院,经家属同意,2007 年开放了 1945 年以前的内容。从这些日记中可以看出,蒋介石在重庆谈判的 43 天中,如何对待毛泽东有过三个阶段的考虑:第一阶段是"感化",希望以表面热情招待这软的一手让中共交出军权和解放区政权;第二阶段是准备扣留和"审治",这是由于蒋介石看到软硬兼施都不起作用；9 月 27 日他索性停止谈判飞到西昌"休息"一个多星期，这几天日记所写都是考虑如何审判和惩治毛泽东。不过考虑到国际国内各方面的情况，蒋介石最后认为"审治"会造成严重后果，尤其是毛泽东身后有百万军队和广大根据地，还有国际上的担保，于是蒋介石在最后决定改为"训诫"，还是礼送毛泽东回延安。

毛泽东到重庆谈判共 43 天，同蒋介石的会谈就达 11 次，多数会谈又是在没有其他任何人在场的情况下只由他们二人面谈。在重庆谈判开始之前，蒋介石为了与中国共产党交涉，很快定出一份底盘。根据中共南方局出色的情报工作，毛泽东在与自己最大的对手见面时，就已经知道了蒋介石的让步极限，那就是：

在中共保留军队问题上最后可能让至 16 个师；

在中共参加政府问题上考虑在中央各院增设一名副院长；

在中共掌握地方政权问题上，如毛泽东愿意，可任命为新疆省政府主席；

在国民大会代表的比例上，国民党要保证 7/10 以上。

根据近年来台湾方面公布的材料看，当时国民党方面通过获得的情报，对中共进行谈判的底牌虽知之不很详细，却也了解大致精神。蒋介石知道中共中央希望通过谈判避免内战，提出要求的中心就是"承认现状"。

由于谈判双方都大致了解对方的底盘，在原则问题上都不可能让步，这场对手都知己知彼的谈判显得格外艰难。毛泽东到重庆前原准备住 10 天左右，却因谈判不顺利留渝 43 天，坚持要求国民党承认共产党领导的解放区和军队。在谈判陷入僵局的情况下，毛泽东在重庆大力开展了统战工作，会见了许多老朋友，包括同柳亚子屡屡会面。由于柳亚子向毛泽东赠诗，还请求回赠，毛泽东当时没有写诗，于是抄下了 10 年前写下的《七律·长征》相送。这首歌颂"红军不怕远征难"的诗，1937 年的美国记者斯诺的《西行漫记》上已经发表,柳亚子也看过,于是希望看到新的诗词。

经柳亚子要求,毛泽东回延安的前四天即 10 月 7 日,把自己于 1936 年 2 月东征途中在陕北清涧县所写的《沁园春·雪》一词重新抄录后回赠,并附上一封信说:"初到陕北看见大雪时,填过一首词,似与先生诗格略近,录呈审正。"这首词气势之大古今罕有,全文是:

北国风光,千里冰封,万里雪飘。

望长城内外,惟余莽莽;大河上下,顿失滔滔。

山舞银蛇,原驰蜡象,欲与天公试比高。

须晴日,看红妆素裹,分外妖娆。

江山如此多娇,

引无数英雄竞折腰。

惜秦皇汉武,略输文采;唐宗宋祖,稍逊风骚。

一代天骄,成吉思汗,只识弯弓射大雕。

俱往矣,数风流人物,还看今朝。

从毛泽东这一词作的意境来看,他是初到陕北时看到屋外白雪皑皑,隆起的秦晋高原上冰封雪盖,再联想到平日奔腾咆哮的黄河经风雪冰冻,一下失去了滚滚的浪涛,大雪覆盖下的蜿蜒群山,犹如飞舞的银蛇。面对雪景中的山川如此生动壮阔,他心潮激荡,诗兴勃发,吟下了这首千古绝唱。

毛泽东这首《沁园春·雪》的手迹有几份,他在解放后重新抄录的一篇的个别字与过去的原文并不一致,如"原驰蜡象"写为"原驱腊象"。1945 年毛泽东书赠柳亚子的这首词,共写了两份,其中有一份写在"十八集团军驻渝办事处"的信笺上,笔锋雄劲,堪称一幅上乘的书法作品。

4.《沁园春·雪》是怎样在重庆公诸于报端的?

毛泽东将诗词赠给柳亚子,只是一种私人友情来往,是 19 年不见的老朋友之间的畅述情怀,并没有准备公开发表。不过精于诗词的柳亚子看到《沁园春·雪》后,连呼"大作,大作"。毛泽东的这首《沁园春·雪》气势博大恢弘,充满生机,与古往今来中国文学史上众多的咏雪诗词相比较,无论是在构思立意上,还是在气魄力度上都有天壤之别。柳亚子于 10 月 11 日到机场送别毛泽东之后,回家又反复吟诵这首豪迈的词章,情不能抑,诗兴激扬,自己在 10 月 22 日"次韵润之之咏雪作"填词《沁园春》一首为和:

廿载重逢,一阕新词,意共云飘。

叹青梅酒滞,余怀惘惘;

黄河流浊,举世滔滔。

邻笛山阳,伯仁由我,拔剑难平块垒高。

伤心甚,哭无双国土,绝代妖娆。

才华信美多娇,看千古词人共折腰。

算黄州太守,犹输气慨;

稼轩居士,只解牢骚。

更笑胡儿,纳兰容若,艳想浓情着意雕。

君与我,要上下天地,把握今朝。

　　柳亚子作了这首和词后,连同毛泽东原词一同送到中国共产党代表团在重庆所办的报纸《新华日报》,要求发表。此时毛泽东已回延安,周恩来仍在重庆负责中共代表团的工作,他与别的同志一致不同意发表毛泽东的词稿。于是,《新华日报》负责人对柳亚子解释说,公开发表毛主席的诗词,是要向他本人请示的。毛泽东已回延安,如请示则往返费时,这实际上就是委婉的拒绝。

　　面对《新华日报》的拒绝,柳亚子一再坚持。经过协商,《新华日报》只同意发表柳的和词。柳亚子通过一番争论,也明白了周恩来等领导人不赞成发表毛泽东原词的理由。对此,柳亚子在随后为毛泽东的《沁园春·雪》所写的跋文中也说明了其中原委:

　　"毛润之沁园春一阕,余推为千古绝唱,虽东坡、幼安,犹瞠乎其后,更南唐小令,南宋词慢。中共诸子,禁余流传,讳莫如深,殆以词中类似帝王口吻,虑为意者攻讦之资;实则小节出入,何伤日月之明。固哉高叟,暇当与润之详论之。余意润之豁达大度,决不以此自歉,否则又何必写与余哉。情与天道,不可得而闻,恩来殆犹不免自郐下之讥欤? 余词坛跋扈,不自讳其狂,技痒效颦,以视润之,始逊一筹,殊自愧汗耳!"

　　在这篇跋文中,柳亚子说明"中共诸子"是担心有人会以"类似帝王口吻"为由对毛泽东的词攻击中伤。柳亚子却认为不必如此顾虑,毛泽东既然愿意把词写给他,就不应禁止发表。他还"不自讳其狂"地说明可以先发表,自己日后"当与润之详论",并相信毛泽东的"豁达大度"。

　　11 月 11 日,中国共产党在重庆的报纸《新华日报》发表了一首柳亚子对毛泽东所作《沁园春·雪》的和词,引起社会广泛关注。按照中国自古以来的惯例,唱和之作都应并列发表,此次报上有"和词",却见不到所和对象,有兴趣者便急于找到未发表的原词欣赏。不少人向《新华日报》询问索要,答复均是未经作者同意不便公开,这反倒助长了众人的好奇感。

吴祖光当时也是诸多好奇者之一,他反复打听,很快从自己的朋友、画家黄苗子处抄到一份毛泽东的词稿。据黄说,这又是从"小民革"负责人王昆仑处抄到的,不过其中有缺漏之处。当时重庆还传出其他手抄本,吴祖光又从另外两处抄到此词,将三稿相对,终于得到一篇完整的词稿。

吴祖光看到这首词后,马上认为:"从风格上的涵浑奔放来看,颇近苏辛词派,但是找遍苏辛词亦找不出任何一首这样大气磅礴的词作;真可谓睥睨六合,气雄万古,一空倚傍,自铸伟词。"他认为,"这样的稿件是可遇难求的稿件,是无论如何也不能放弃的稿件啊!"

在蒋介石独裁统治下,一家民营报刊公开发表毛泽东的词稿并附加赞语,毕竟需要些勇气,吴祖光却全无畏惧。此时也有人从另一种角度劝吴祖光,说毛泽东本人不愿意让别人知道他写旧体诗词,《新华日报》正是为此才只发表柳亚子的和词而不刊登原词。吴祖光却表示,《新华日报》是中共党报,当然要受党的主席约束,而自己编的是一家民营报纸,发表这首词又有何妨? 于是,吴祖光以《毛词·沁园春》为题,于 11 月 14 日在该报副刊显著地方发表了此词,并加"按语"云:

"毛润之先生能诗词,似鲜为人知。客有抄得其《沁园春·雪》一词者,风调独绝,文情并茂,而气魄之大乃不可及。据毛氏自称则游戏之作,殊不足为青年法,尤不足为外人道也。"

此时正值毛泽东作为蒋介石本人的客人刚刚到过重庆,抗战胜利后国民党政府因受国内外舆论谴责,又不得不宣布取消过去以"防止泄露军机"为由实施的报刊检查制度。于是,此词未经新闻检查便在《新民报晚刊》上顺利登载,立刻轰动山城。全国各大城市许多民营报纸争相转载,广为流传,影响波及全国。

毛泽东的词作公开发表和广为流传,如同一石激起千层浪,一时间和词、论文、乃至其他样式的文章纷至沓来,涌现于不同性质的各种报刊,衷心赞颂与恶意中伤相交,笔枪舌剑针锋相对。当时蒋介石的侍从室发出指令,要求国民党中央宣传部组织批驳。所谓侍从室,名为管理蒋介石个人起居警卫、实际掌握"党国"最高决策权,指令都要由蒋介石个人批准后才能发出。对毛泽东的一首文艺创作性质的词作还要由侍从室下令,劳师动众进行"批驳",肯定是这首词引起那个一向妄自尊大的蒋介石的震怒。于是,诗坛上的一场文字仗有组织地打响了,围绕着一首词作引发国内各大报的政治笔战,这在中国文学史上是一大奇观。

5. 围绕着《沁园春·雪》的诗坛笔战有什么意义?

毛泽东同柳亚子的诗词唱和本是个人私交,一旦被蒋介石点名要进行"批驳",围绕着一首《沁园春·雪》的诗坛笔战,就成了中国两种政治力量的交锋。国民党组织一批文人掀起大风浪,革命和进步力量一方自然要进行反击,攻击和捍卫毛词就成为一场政治斗争。

当年只要略懂些诗词的人,都能看出《沁园春·雪》是以词咏志抒怀,说明在"如此多娇"的神州大地上,只有中国共产党人是"今朝"真正的"风流人物",将主宰国家的命运。这首词对于以往的一切帝王将相,以至现今的国民党政权,都是极大的蔑视。当时国民党中央宣传部要求,从《中央日报》起的各大报都要组织诗人以步毛词原韵和词的方式来批驳,说明毛泽东此番来重庆并非是想谈判和平,而是要"争当帝王"。

蒋介石此人精于权谋,却谈不上有什么文才。平心而论,其书法尚可,诗词却欠佳,连文章讲稿也多要由陈布雷、陶希圣等人代笔。"党国"其他元老虽有些人擅长诗词,却也不肯出场,于是国民党中宣部只好向一些御用文人安排任务。既然要"批驳"毛泽东的《沁园春·雪》,就要让人们看到原文。于是,《中央日报》首先以"示众"方式全文刊登了毛泽东的《沁园春·雪》,以国民党的党报刊登共产党领袖的诗词作品,这倒真是破天荒的举动。接着,奉命写批驳词的文人依照毛泽东词原来的韵,用和词的形式也发表《沁园春》。

由于许多奉命写词的文人不卖力气,来稿数量又少质量又差,具体负责组织稿件的《中央日报》主笔兼副刊编辑王新民十分焦急,只得自己化名"东鲁词人",在12月4日的《中央日报》的副刊头条发表了所作的一首"和词",攻击共产党是"杀人略地,自炫天骄。"词中以翼王石达开,《水浒传》里的押司宋江比附毛泽东,更属不伦不类,最后还以警告的口吻说:"时未晚,要屠刀放下,成佛今朝。"

这篇"和词"发表后,《中央日报》将"和词"任务交给中央军事委员会政治部主办的《和平日报》(原为围剿红军时的《扫荡报》),继续向一批反共文人约稿,发表了类似的王婆骂街、群犬吠日的"和词"。其中反动文人易君左所写了一首和词,虽攻击了毛泽东和人民革命,同时也为国民党政权的前途感到忧伤,全文是:

> 国脉如丝,叶落花飞,梗断蓬飘。
>
> 痛纷纷万象,徒呼负负;
>
> 茫茫百感,对此滔滔。

杀吏黄巢，坑兵白起，几见降魔道愈高？
明神胄，忍支离破碎，葬送妖娆。

黄金难贮阿娇，任冶态妖容学细腰。
看大漠孤烟，生擒颉利；
美人香草，死剩《离骚》。
一念参差，千秋功罪，青史无私细细雕。
才天亮，又漫漫长夜，更待明朝。

这首多少有点文采的词，虽将共产党比做杀人如麻的唐末黄巢、秦将白起，却也哀叹此时的"道"已难以"降魔"，即使像汉武帝对皇后陈阿娇那样"金屋藏娇"也无济于事，反映了一派衰败破亡的情绪。对正忙于接收并头脑晕眩的国民党人，这首词作的哀叹也倒算是有点远见。

1945年12月10日，《和平日报》上又发表了两首和词，其中一首化名的词中写道：

万里风行，一曲高歌，意荡神飘。
念井冈陈迹，徒呼负负；
延安今日，犹是滔滔。
如此干戈，亦云革命，愧对陈吴况汉高。
君差矣，尚眼空无物，自诩妖娆。

另一首尉素秋女士的和词则言语更为恶毒,其中称:

> 十载延安,虎视眈眈,赤帜飘飘。
>
> 趁岛夷入寇,胡尘滚滚;
>
> 汉奸窃柄,浊浪滔滔。
>
> 混乱中原,城乡分占,跃马弯弓气焰高。
>
> 逞词笔,讽唐宗宋祖,炫尽妖娆。

　　反动文人们奉命攻击毛泽东的词作时,有的文章还联带攻击了柳亚子的和词,说他是"奉和圣制",是"封建余孽的抬头"。其实,柳亚子本人的和词不仅出于自愿,发表过程还是违背中共负责人的意愿。国民党报刊上的文人叫嚣,倒真是"奉和圣制",是蒋家王朝的御用诗作。

　　耐人寻味的是,实际由国民党政学系主持却一向自认为站在中性立场、对蒋介石经常"小骂大帮忙"的《大公报》,也对毛泽东的词进行抨击。1945 年 12 月,《大公报》连载该报主笔王芸生的长文《我对中国历史的一种看法》。这篇文章开宗明义地说:

　　"近见今人述怀之作,还看见'秦皇汉武''唐宗宋祖'的比量,因此觉得我这篇斥复古破迷信反帝王思想的文章,还值得拿出来与世人见面。"

　　在这篇长文中,王芸生的中心思想是攻击毛泽东的《沁园春》一词中充满了复古迷信的"帝王思想"。在当时的形势下,蒋介石在国统区恰恰实行的是新专制主义统治,鼓吹"党外无党",散布"一个政党、一个领袖、一个主义"的谬论,这才真是名副其实的帝王思想。《大公报》对此不仅不加抨击还多方粉饰,而对主张民主革命的中国共产党领袖却表示不满,抓住一些诗句随意曲解,大加挞伐,反映了该报主编王芸生等人的立场。全国解放后,王芸生表示拥护中国共产党,在他撰写的回忆《大公报》的文章中也承认那时的态度是偏袒蒋介石的。

看到国民党当局的"批驳"攻击,当时国内的进步人士出于革命义愤,同样纷纷步毛泽东原词的韵,发表驳斥国民党文人的《沁园春》。

6. 进步人士怎样用诗词来反击国民党御用文人?

面对围绕《沁园春·雪》掀起的文坛风波,在重庆的进步文化人士中一些人自发地奋起用和词回击,郭沫若就是一个突出代表。12 月 11 日,吴祖光任编辑的《新民报晚刊》又刊登了郭沫若的《沁园春·和毛主席韵》一首,词中谴责了美国当权者挥舞原子弹,并支持国民党打内战的行径。随后,他又发表了第二首和词:

> 说甚帝王,道甚英雄,皮相轻飘。
> 看古今成败,片言狱折;
> 恭宽信敏,无器民滔。
> 岂等沛风? 还殊易水,气度雍容格调高。
> 开生面,是堂堂大雅,谢绝妖娆。
>
> 传声鹦鹉翻娇,又款摆扬州闲话腰。
> 说红船满载,王师大捷;
> 黄巾再起,蛾贼群骚。

叹尔能言，不离飞鸟，朽木之材未可雕。

何足道！纵漫天迷雾，无损晴朝。

郭沫若在"说甚帝王"一句后曾下注："当时某报评毛主席《沁园春》词有'帝王思想'"。这个"某报"，正是指《大公报》上王芸生的文章。在"又款摆扬州闲话腰"后面注："某无耻文人亦和韵，但反唇相讥，极端反动。"这里指的"某无耻文人"，就是那个因写《扬州闲话》引起过公愤的易君左。当年易君左曾胡说古诗所云"烟花三月下扬州"是指当地多出烟花女子，引出扬州人士公愤。

在这首和词中，郭沫若还用"岂等沛风？还殊易水"的词句，赞扬毛泽东的《沁园春》不是历史上汉高祖刘邦（号沛公）的《大风歌》、战国时代荆轲刺秦王所唱的《易水寒》所能比拟。郭词说的"气度雍容格调高""开生面，是堂堂大雅，谢绝妖娆"，是指毛词气魄宏伟，意境远大，前无古人。"传声鹦鹉""皮相轻飘"及"朽木之材未可雕"，则是对无耻文人的痛斥。

郭沫若在《摩登唐吉诃德的一种手法》文中，又对毛泽东的词解释说，词作"气魄宏大，实在是前无古人，可以使一些尚绮丽、竞雕琢的靡靡者流骇得倒退"。他还指出，诽谤毛泽东有"帝王思想"的御用文人，其主子才是真正有"帝王思想"的人，因此他们发动内战，向共产党领导的解放区进攻。郭沫若还谈了自己对《沁园春·雪》寓意的理解。他说："我的揣测是这样：那是说北国被白色的力量所封锁着了，其势汹汹，'欲与天公试比高'的那些银蛇蜡象，遍山遍野都是，那些是冰雪，但同时也是秦皇汉武，唐宗宋祖，甚至外来的成吉思汗的那样一大批'英雄'。那些有帝王思想的'英雄'们依然在争夺江山，单凭武力，一味蛮干。但他们迟早是会和冰雪一样完全消灭的。这，似乎就是这首诗的底子。"

在这里,郭沫若肯定毛词具有前无古人的宏大气魄,批判反动文人对词作的歪曲,确属一语中的。但他此时对作品"底子"的理解,与该词的实际寓意还有相当的距离。抗日战争后期,郭沫在撰写《十批判书》时,对"秦皇"等专制帝王持强烈的否定态度,因而出于个人的理解认为毛泽东的词意也是如此。

这种解释后来引起了一些争议。新中国成立后在研究《沁园春·雪》时,人们对封建帝王和"风流人物"的评论,也有一些不同的看法。得知这种情况后,毛泽东于 1958 年 12 月 21 日对此词批注解释说:"雪:反封建主义,批判 2000 年封建主义的一个反动侧面。文采、风骚、大雕,只能如是,须知这是写诗啊!难道可以谩骂这一些人们吗?别的解释是错误的。末三句,是指无产阶级。"毛泽东本人的这个说明,才真正揭开了他的咏雪词的"底子"。

1945 年末国民党当局组织对《沁园春·雪》进行攻击时,毛泽东已患病卧床。据当时任中央书记处办公室主任的师哲回忆,毛泽东在 11 月间身体状况越来越糟,有时躺在床上,全身发抖,手脚痉挛,冷汗不止,不能成眠,不得不停止工作休养。此间中共中央由刘少奇代理主席职务,毛泽东对往来的电文都很少看,发生在重庆的诗词之战自然也无力涉入。1945 年 12 月下旬,毛泽东病势好转恢复工作,马上对自己的词作在重庆发表及引起的反响十分关注。王若飞当时将报刊上刊登的各种说法和词寄到延安,毛泽东看后,于 12 月 29 日致王若飞岳父黄齐生先生的信中说:

"若飞寄来报载诸件付上一阅,阅后乞予退还。其中国民党骂人之作,鸦鸣蝉噪,可以喷饭,并付一观。"

在这封信中,毛泽东将那些御用文人的"和词"比做"鸦鸣蝉噪",认为只能引起"喷饭"的可笑结果。

著名进步教育家陶行知和邓初民主办的《民主星期刊》,也参加了反

击国民党御用文人的斗争。1946 年 1 月 25 日该刊第 16 期刊登了署名
"圣徒"的一首《沁园春·读润之、亚子两先生唱和有感而作》：

> 放眼西南，千家鬼嚎，万户魂飘。
>
> 叹民间老少，饥寒累累；
>
> 朝中上下，罪恶滔滔。
>
> 惟我独尊，至高无上，莫道道高魔而高。
>
> 君不见，入美人怀抱，更觉妖娆。
>
> 任他百媚千娇，俺怒目横眉不折腰。
>
> 我工农大众，只求生活；
>
> 青年学子，不解牢骚。
>
> 休想独裁，还我民主，朽木之材不可雕。
>
> 去你的，看人民胜利，定在今朝。

　　文坛的这场诗词交锋，也传到各解放区。在华东解放区的新四军代
军长陈毅得悉这场唱和战，一时也意兴大发。1946 年初，他一挥而就三
首和词，其中的《沁园春·斥国民党御用文人》这样写道：

> 毛柳新词，投向吟坛，革命狂飙。
>
> 看御用文人，谤言谍谍；
>
> 权门食客，谵语滔滔。
>
> 燕处危巢，鸿飞寥廓，方寸岑楼怎比高？

　　叹尔辈,真根深奴性,玷辱风骚。

　　自来媚骨虚娇,为五斗纷纷竞折腰。

　　尽阿谀独夫,颂扬暴政;

　　流长飞短,作怪兴妖。

　　革面洗心,迷途知返,大众仍将好意招。

　　不如是,看所天倾覆,殉葬崇朝。

　　陈毅的另一阕和词,题为《山东春雪压境,读毛主席柳亚子咏雪唱和词有作》,词曰:

　　两阕新词,毛唱柳和,诵之意飘。

　　想豪情盖世,雄风浩浩;

　　诗怀如海,怒浪滔滔。

　　政暇论文,文余问政,妙句拈来着眼高。

　　倾心甚,看回天身手,绝代风骚。

　　山河齐鲁多娇,看霁雪初明泰岱腰。

　　正辽东鹤舞,涤瑕荡垢;

　　江淮斤运,砌玉浮雕。

　　池冻铺银,麦苗露翠,各尽春来兴倍饶。

　　齐喜欢,待桃红柳绿,放眼明朝。

陈毅这篇咏雪词,明显受毛词影响,风格又不尽相同。毛泽东的《沁园春·雪》上阕写景下阕议论,可谓情随景生。陈毅的和作则上阕议论下阕写景,可谓景由情出。这种艺术构思,可看出陈毅在特定的情境下诵读毛词时所掀起的情感波涛,也有所在华东地区与陕北相区别的不同特色。

这场围绕着《沁园春·雪》的诗坛笔战证明,当时的国共斗争不仅是军事、政治斗争,还扩展到文坛之上。国民党统治之腐朽,在文化上也是颓废没落,诗词咏唱也居于下风。中国革命力量政治上的生机勃勃和欣欣向荣,在文坛上表现为意气风发。这场诗坛大战,倒是在全国范围内宣传了毛泽东的诗词,显示了中国共产党"俱往矣,数风流人物,还看今朝"的英雄气概,预示着不久将天下归心。在国共重庆谈判期间和其后的时间里,以毛泽东为首的中国共产党无论在政治上、军事上、文化上都是大赢家。虽然当时共产党方面的军事实力比国民党逊色一筹,在心理上却取得了巨大优势。毛泽东的诗友们当时同心协力,以笔为枪,与国民党反动文人进行斗争,其功实不可没。

7. 同国民党的诗坛大战最后以哪首诗画上了句号?

1945 年 8 月末至 10 月上旬的重庆谈判,以双方只发表了一个《会谈纪要》而告终。虽然有人将其称为《双十协定》,其实国共两党只达成了一个和平建国的书面共识,在事关解放区政权和军队的问题上立场却是根本对立。毛泽东返回延安后,由于国民党当局仍拒不承认解放区的地位并以"接收"为名大举进攻,双方在战场上的交锋日趋激烈。1946 年 1月,经验丰富的美国特使马歇尔来华"调处",蒋介石勉强同意停战。然而随后他坚持停战不包括东北,形成了"关外大打、关内小打"的局面。同年

6月下旬,国民党军大举围攻中原解放区,标志着全面内战爆发。国共双方在重庆展开的诗坛大战,转化为战场上的枪炮较量。

1947年3月,国民党当局驱逐中共谈判代表,并以最后一支战略预备队胡宗南部进攻延安。毛泽东离开住了整整10年的延安古城,又开始了在陕北高原的转战。撤出延安后,许多人曾建议中共中央搬到远离敌人的晋西北根据地,国民党中央社则广播称毛泽东已"据闻已远遁靠近中苏边境之佳木斯"。毛泽东却坚持不过黄河,要留在陕北,只是让刘少奇、朱德到河北阜平组织中央工作委员会,处理日常事务,叶剑英、杨尚昆进入黄河对岸的晋西北,组织中央后方委员会。毛泽东、周恩来、任弼时率领精干的机关,只以四个连兵力掩护,继续留在陕北同敌人周旋。毛泽东当时坚定地说:"我不能走,党中央也最好不走。我走了,党中央走了,蒋介石就会把胡宗南投入其他战场,其他战场就要增加压力。我留在陕北,拖住胡宗南,别的地方能好好地打胜仗。"(《周恩来传》第683页,中央文献出版社、人民出版社1989年版)

此后一年里,毛泽东只率领几百人的队伍转战陕北,还故意让蒋介石知道。在撤出延安四十多天后,在安塞县真武洞庆祝三战三捷的大会上,军委周恩来副主席代表党中央向在场的上万军民宣布了一个最振奋人心的消息,就是"毛主席还在陕北!"听到周副主席宣布这一消息,陕北军民个个欢呼雀跃,知道伟大领袖在这最困难的时候仍和自己在一起,不打败胡宗南是不会走的。蒋介石、胡宗南得知此事,则气急败坏。毛泽东率中央机关少数人就拖住了国民党军中最后一个能机动的战略集团,这成为中国革命战争史上乃至世界现代战争史上的奇观。

1947年秋天,人民解放军转入了战略进攻,几个月前刚驱逐了中共谈判代表的国民党当局又找到了苏联驻华大使馆,希望苏方能出面调解以恢复和谈。面对国民党当局这一缓兵之计,中央在陕北召开的十二月会议决定不再和谈,而将革命战争进行到最后胜利。1948 年 3 月,毛泽东离开陕北,前往河北的城南庄,接着又进入中国共产党在农村的最后一个指挥所——西柏坡。当战略决战的三大战役高奏凯歌时,苏联领导人斯大林又转来了国民党提出的和谈请求。1949 年 1 月 11 日,毛泽东在起草致斯大林的电报中说明:"我们倾向于要南京无条件投降,并充分揭露敌人的阴谋。……我国革命已胜利在握,不必再用迂回战术,推迟取胜时间。"

1949 年 4 月 1 日,以张治中为首的南京政府和平谈判代表团到达北京,中共方面即向他们递交了《国内和平协定》,限定 4 月 20 日为最后签字日期。周恩来随后解释说:"八条二十四款,中心问题是接收和改编。"(《周恩来选集》上卷第 318 页)美国国务院的白皮书中也认为,对南京政府而言"这等于是无条件投降"。当李宗仁为首的南京政府拒绝签字后,4 月 21 日毛泽东、朱德便联名下达了《向全国进军的命令》。一时间,百万大军排山倒海,千里江面战帆如云。4 月 23 日夜,横渡长江的解放军进占了南京,次日这一消息便在北平的报纸上刊登了。

据毛泽东身边的工作人员回忆,得知南京解放这一天,毛泽东正住在北平西郊的香山。他按其夜间办公、清晨入睡的生活规律在下午起床后,从屋里来到院子里的六角凉亭,坐在藤椅上,习惯地先拿起送来的《人民日报》。这一天报纸出了号外,上面印着一行又粗又大的标题——"南京解放"。毛泽东看完报纸,没有像往常一样在院子里继续散步,也没有和任何人交谈便走回办公室。接着,他伏在桌子上一边细细看着号外,一边在报纸上画下了横杠、圈点的标记,随后又以新华社号外标题为题,写下了一首《七律·人民解放军占领南京》:

> 钟山风雨起苍黄,百万雄师过大江。
>
> 虎踞龙盘今胜昔,天翻地覆慨而慷。

宜将剩勇追穷寇，不可沽名学霸王。

天若有情天亦老，人间正道是沧桑。

这首《七律·人民解放军占领南京》以纪实言理的风格，酣畅淋漓，犹如进行极为顺利的渡江战役本身，给人以势如破竹的感觉。诗人的感情、才思也在作品中一气呵成，如一泻千里。不过毛泽东写完后感觉不大满意，随手又揉成一团扔进了纸篓。他的秘书田家英珍爱毛泽东的作品和手迹，于是将其从纸篓中捡出，精心保存下来。一件带有意义的作品，就是这样留存于世。

1963 年，田家英主持编辑《毛主席诗词》时，又找出了那首《七律·人民解放军占领南京》，让人用钢笔抄清后送交毛泽东审阅。此时，毛泽东才想起这首诗，起初对是否发表还有些犹豫，表示看看如何后再定。这一年 12 月 5 日，毛泽东在致田家英的信中表示这首诗"似可加入诗词集"，不久全国人民就读到了这篇解放战争期间毛泽东的代表性诗作。

"虎踞龙盘今胜昔，天翻地覆慨而慷。"这是毛泽东以诗化语言对解放战争的概括，同时也是对为时 22 年的整个中国革命战争的概括，是国共双方内战的最后结语。诗中"天若有情天亦老"一句，是借用毛泽东喜欢的唐朝诗人李贺《金铜仙人辞汉歌》中的原句，说明原来的暴政已搞得天怒人怨，而"人间正道是沧桑"，广大人民将按历史的发展规律迎来一个新的时代。当国民党的统治瓦解，人民民主专政的新政权建立后，诗人毛泽东又在新的探索中书写新诗篇。

第五章 以诗会友

1949年3月下旬，毛泽东等中共中央领导人进入北平，从此党的工作重点从农村向城市转移。进城之后，毛泽东作为全国人民的领袖，人际交往的范围更为广泛，他青年时代以诗交友的习惯在新形下势又延续下来，尤其是统一战线工作的需要使他结交了许多党外友人。

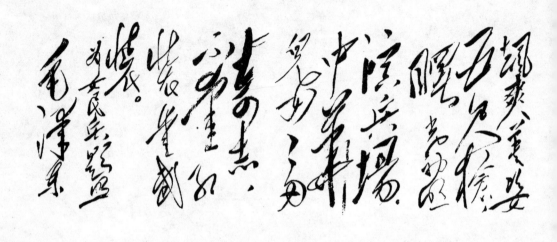

颯爽英姿五尺槍，曙光初照演兵場。中華兒女多奇志，不愛紅裝愛武裝。

為女民兵題照

毛澤東

1. 进城后毛泽东主要同哪些人有诗词交往？

青年时代的毛泽东，主要与志同道合的友人作诗词唱和，以抒发心中志向。他成为中国共产党的领袖后，究竟有多少人同毛泽东有过口头和文字上的诗词之交，已无法做出准确的统计，其中哪些人应当算作诗友则更难界定。自然，如萧三、郭沫若、柳亚子、陈毅、周世钊等人同毛泽东有长达几十年友谊和许多诗文交往，留下的佳话已天下传闻。

另外如文学家丁玲、文学家高亨、教育家黄齐生、爱国民主人士黄炎培等，毛泽东对他们也曾相赠诗作。毛泽东还同何香凝、谭平山的夫人孙荪荃等也曾遥寄诗文，或笔谈创作技艺。这除了增添雅兴外，也以文学方面的意气相投促进了政治上的合作。

如果仔细看一下毛泽东在解放后有诗词来往的人，可以看出大多数是民主人士，与党内同志唱和却不多。跟随毛泽东15年的卫士长李银桥回忆，毛泽东待人接物很有原则，做事以事论，私交以私交论。他对党外民主人士来往多系私交，与党内各方面的人往来属公务。因此，对党外人士毛泽东很讲礼貌，拜望迎送十分周到，对民主人士中的老者还搀扶，而且不忌讳个人私交。

毛泽东对党内同志除非久别重逢,否则很少表示出亲热,私人间从不赠收礼物,对到住所和办公室的同志一般既不迎也不送。据卫士回忆,毛泽东只是在1948年对前来汇报的华东野战军副司令员粟裕送到过村口。另外据井冈山斗争中与毛泽东、贺子珍长期住邻居的曾志回忆,她每次到中南海,毛主席都是有迎有送的。党中央的其他副主席、常委到毛泽东那里,一般都是简单打一下招呼就谈工作,与他们大多不建立诗词交往。应该说,在文化大革命以前毛泽东在接人待物方面还是非常注意掌握分寸。由于他在党内是最高领袖,而个人诗词唱和属于私交,毛泽东考虑到上下级关系、各个山头及复杂的斗争等因素,一般不与领导同志建立诗词关系这种私交。

不过凡事常有例外,如徐特立、郭沫若等人也是共产党员,毛泽东对他们保持着长期的私交,不过那是一种超脱出上下级关系之外的特殊交情。徐特立是毛泽东在第一师范时的老师,50岁时参加共产党。在党内,毛泽东对他仍然以"先生"相称,仍视为个人的师长。

对中国近现代著名文豪郭沫若,毛泽东在几十年里也以诗文论友情。郭沫若虽然在20世纪20年代就参加了共产党,却长期对外不公开,在党内也不担任要职,从某种意义上讲也处于少有的超然地位,再加上共同的诗词喜好,使毛泽东同他能有长期的私人交往。

毛泽东与郭沫若相识很早,1926年郭沫若前往当时的革命中心广州时,就是毛泽东代表党组织来接待的。郭沫若对二人第一次见面的记载,是感到毛泽东身材高大,相貌却有些女态,"状貌如妇人好女"。二人在广州还多次一起外出讲演,交往很密切。

在1927年夏大革命失败的紧要关头,毛郭二人在武昌分别。南昌起义军在潮汕失败后,郭沫若化装潜往上海,翌年经党组织同意前往日本避难。1937年郭沫若怀着满腔爱国热情从日本回到祖国后,经他个人申请和中共党组织的决定又恢复了党籍,成为只有少数人知道的单线联系的秘密党员。1938年夏天,经周恩来提议和毛泽东同意,中共中央作出党内决定:以郭沫若作为鲁迅的继承者,以奠定郭沫若文化界领袖的地位。1939年7月,郭沫若家中年已86岁的老父病逝,毛泽东以"世侄"自称,从延安送给郭父的一副挽联是:

先生为有道后身,衡门潜隐,克享遐龄,明德通玄超往古;

哲嗣乃文坛宗匠,戎幕奋飞,共驱日寇,丰功勒石励来兹。

毛泽东的这一挽联不仅悼念了郭父,也称颂了郭沫若是"文坛宗匠"。后来毛泽东在延安还将郭沫若所写的《甲申三百年祭》当做整风文件,表明了对郭沫若的莫大信任。1945年8月,毛泽东在重庆与郭沫若重逢,郭沫若看到自己敬仰的这位领袖和老朋友用的还是一只旧怀表,就把自己的手表取下来送给毛泽东。在此之前,毛泽东是不戴手表的,此后才把这件礼物长期戴在腕上。此后的三十多年里,这块表虽然修过,表带也换过,毛泽东生前却一直戴着。这不仅体现了毛泽东的生活简朴,也体现了他对郭沫若的深厚情谊。全国解放后,毛泽东与郭沫若有长期的诗交。

毛泽东对身边的其他工作人员,赠诗的对象也非常有限,只为身边的机要员小李写过《女民兵题照》,称颂了"中华儿女多奇志,不爱红装爱武装。"

相比党内同志,进城之后毛泽东还是同民主人士有较多的唱和交往,他与柳亚子的唱和广为人知。然而除了柳亚子外,毛泽东与周世钊也有很多私交及诗词唱和。尤其是毛柳之间的诗词交往,成为中国近现代文学史上乃至革命史上的一段佳话。

2. 毛泽东同柳亚子有过怎样的"饮茶粤海"和"索句渝州"的友情？

毛泽东初识柳亚子,是在大革命时期的广州。1949年毛泽东和诗中所说的"饮茶粤海未能忘",正是回忆二人的初交。柳亚子是江苏省吴江人,生于1886年,是中国近代著名的爱国诗人,曾被郭沫若誉为"今屈原"。毛泽东与柳亚子的交往,是以政治上和诗词上的共同语言为基础,并由此建立了深厚的个人友谊。1926年二人在广州初见,柳亚子就感到当时担任国民党中央宣传部代理部长的毛泽东见识和才华非凡。不过那时他们之间"饮茶粤海未能忘"的交情,并非那样具有诗情画意,而是与残酷的斗争相伴。1926年春,蒋介石发动排斥共产党人的"三二〇事变"之后,柳亚子曾向在广州的中共负责人表示,蒋介石日后必然为患,建议以重金雇枪手将其消灭。当时在广州的中共负责人同意并称赞柳亚子的反蒋立场,却向他说明共产党人主张阶级革命而反对采取个人恐怖活动,不能暗杀蒋介石。随后,毛泽东与柳亚子分手19年,天各一方,不过毛泽东到延安后知道柳亚子还坚持反蒋和争取进步的立场,非常钦佩,还专门致信表示问候。

1927年4月,蒋介石发动清党反共的"四一二事变"时,柳亚子怒斥背叛孙中山革命事业的不肖之徒,表示不屑与这些"小人"为伍,在蒋介石追捕下曾东渡日本避难。1928年国民党的"二次北伐"结束后,对其党内的反对派表示了一点所谓的宽容态度,柳亚子就此回国,却拒绝了南京当局的拉拢而不就任政府官职。他从报上得知"朱毛"在湘赣一带活动并使当局十分恐慌的消息,十分兴奋,并对3年前认识的那位文人"润之先生"如今能指挥军队打仗而深感敬佩,在激动中写下这样的诗句:

神烈峰头墓草青,湘南赤帜正纵横。

人间毁誉原休问,并世支那两列宁。

　　"支那"是当时日本对中国的称呼,在其国内带有贬意,使许多中国留日学生闻之刺耳。不过在一些人看来,"支那"也可当做英文对中国一词的称呼"China"解,在抗日战争爆发前国内一些文人也曾用此词。柳亚子诗中所称的"支那两列宁",自注为"孙中山、毛润之",将其视为国内两位并列的伟人。

　　此时,毛泽东还不是中国共产党的领袖,只是党的六大选出的中央委员。这时,柳亚子就把毛泽东与孙中山并列,极尽推崇之词,可谓国内诗坛有先见之明的第一人。柳亚子能有此预见,在于他对毛泽东的了解,以及对中国革命胜利的殷切期望。

　　从1926年初晤之后,毛泽东与柳亚子各奔东西,长期未能见面,也很难得到信息。此后多年间,毛泽东一直没有忘记柳亚子,在延安时还致信问候。1945年8月28日,毛泽东赴重庆谈判,抵渝的头两天应邀在蒋介石的官邸林园做客,8月30日才回到中共代表团驻地。当天下午,柳亚子即来到中共代表团在城内的办公地点曾家岩50号"周公馆",与多年来渴望一见的毛泽东会面。久别重逢,故人情深,柳亚子在极度兴奋赋诗称赞毛泽东的勇气,同时希望共产党人能以诚意感动国民党政府,使之放弃内战阴谋。通过同毛泽东的谈话,柳亚子很受启发,他在《润之招谈于红岩嘴办事处》诗中表达了自己的感受:"心上温馨生感激,归来絮语告山妻""与君一席肺肝语,胜我十年萤雪功。"

　　毛泽东在重庆的43天中,日程安排得非常紧张,还走访了许多民主人士,并把柳亚子放在最先要拜访的名单中。9月6日,毛泽东在周恩来、王若飞的陪同下,到沙平坝南开学校津南村 11 号拜访柳亚子。柳亚子说自己正在续编亡友未完成的《民国诗选》,打算收录毛泽东的《七律·长征》,希望能再校正一下。见老友一片真情,毛泽东当即表示同意,随后订正了这首诗在传抄中的错字送给柳亚子。10 月 7 日,毛泽东还抄录了《沁园春·雪》相赠,由此还意外地引发了国共之间的一场诗词大战。

1946 年初,柳亚子到上海定居,参加了反对内战的民主运动,后来又躲过国民党特务的监视避居香港。1949 年初三大战役胜利,国内民主人士也纷纷应邀北上,筹备建立新中国。柳亚子接到毛泽东的电邀后,也兴奋地来到北平,并于 3 月 25 日到西苑机场参加了欢迎毛主席和中共中央入城的仪式。可是 3 天后,他就写了一首充满牢骚的诗,表示要回家隐居,引来毛泽东写诗劝说。

3. 柳亚子为何一度"牢骚太盛",毛泽东又是怎样劝解?

柳亚子兴奋地赶到北平,很快就出现失望,主要原因是职位安排不如意,再加上当时刚刚解放,生活照顾很难周到。例如柳亚子交代要买的东西管理员买不到,一气之下他还动手打了管理员。周恩来得知后赶来既委婉又严肃地说明,我们有些事照顾不周,有意见欢迎提出,然而在革命队伍中打人是不允许的,因为共产党领导的队伍内部尽管有职务分工不同,人格上却是平等的,对饮事员、管理员也不能像封建文人对待下人那样。柳亚子一时想不通,3 月 28 日写了一首七律《感事呈毛主席》:

> 开天辟地君真健,说项依刘我大难。
> 夺席谈经非五鹿,无车弹铗怨冯驩。

> 头颅早悔平生贱，肝胆宁忘一寸丹。
> 安得南征驰捷报，分湖便是子陵滩。

在这首诗中，柳亚子先是称赞毛泽东"开天辟地君真健"，接着又称"说项依刘我大难"，引用刘邦、项羽的典故，意思是自己站在哪一边都为难。最后他声言，"安得南征驰捷报，分湖便是子陵滩"，意思是解放军如果解放了他在江南的故乡，就回乡隐居。

柳亚子写这首诗时，正值人民解放军准备渡江战役。毛泽东住在香山，每天忙碌万分。不过当他收到柳亚子的诗后，仍很重视，并向有关部门询问情况。毛泽东了解柳亚子到达北平后想到香山碧云寺拜谒孙中山的衣冠冢，但因没有交通工具因而颇为懊恼等情况时，立即派人安排。他还让柳亚子从六国饭店移往颐和园益寿堂居住，随后又让秘书田家英接柳亚子和夫人到香山碧云寺，了却他拜谒孙中山衣冠冢的心愿，并且派摄影师为他们摄影留念。

4月下旬解放军胜利渡过长江，毛泽东有了一点空暇，就写了一首《七律·和柳亚子先生》，于4月29日派人送给住在颐和园内的柳亚子，作为对《感事呈毛主席》一诗的答复。这首诗感情真挚，既回忆了二人过去多年的交往，也对柳亚子的消极情绪委婉地进行了批评和劝说。诗的全文是：

> 饮茶粤海未能忘，索句渝州叶正黄。
> 三十一年还旧国，落花时节读华章。

> 牢骚太盛防肠断,风物长宜放眼量。
> 莫道昆明池水浅,观鱼胜过富春江。

　　毛泽东诗中所讲的"饮茶粤海",是指他和柳亚子于 1926 年在广州相交的往事,"索句渝州"又是指重庆谈判时赠送诗词。至于"牢骚太盛防肠断,风物长宜放眼量"两句,是劝说柳亚子不要发牢骚,要有长远眼光,看到建设新中国的大局。至于最后讲到"莫道昆明池水浅,观鱼胜过富春江",这是借颐和园中的昆明湖水同浙江的富春江相比,劝说柳亚子不要回江南,留在北平参加新政协。在此,毛泽东不仅以诗作抒发了朋友之情,也体现了党的统战政策,团结更多的朋友一起建设新中国。

　　送去这首诗 3 天后,毛泽东于 1949 年 5 月 2 日还抽空到颐和园来看柳亚子。看到这位日理万机的全国人民的领袖能亲自来看自己,柳亚子激动不已。据在场的人回忆,柳亚子握着拳头半举着说:"共产党伟大! 毛主席伟大! 人民解放军伟大!"毛泽东回答说:"人民伟大! 包括你,也包括我。"

　　接着,毛泽东和柳亚子二人一起在昆明湖中划船,并共谈诗词。毛泽东向柳亚子介绍了大好形势,又劝说他留下参加新中国的建设。柳亚子也表示愿意留在北平,不再提回乡隐居。当时柳亚子步毛泽东的诗原韵,又写了两首和诗,其中一首在后来引起了一些争议,全文如下:

> 昌言吾拜心肝赤,养士君倾醴酒黄。
> 陈亮陆游饶感慨,杜陵李白富篇章。
> 离骚屈子幽兰怨,风度元戎海水量。
> 倘遣名园长属我,躬耕原不恋吴江。

这首诗最后两句是:"倘遣名园长属我,躬耕原不恋吴江。"不少人从字面上理解,就认为这是柳亚子向毛主席要颐和园。这两句诗传出去后,在当时乃至几十年后都引起了一些非议。

如果单纯从字面上看,"名园"即是指颐和园,意思是想要毛泽东批准将此园"长属我"。清朝被推翻后,颐和园已是国家财产,再想把这座国家宝贵的名胜归为个人所有,岂不又想和慈禧太后一般?诗人的一些诗化语言,带有一些虚幻浪漫色彩,不能完全按现实来理解。柳亚子作为参加过推翻清王朝的民主革命的人,又积极拥护建设新中国,怎么可能向毛泽东提出索要颐和园归私有的非分要求呢?从柳亚子赋此诗的前后表现来看,对这两句诗似应解释为在城中给他一块居住地,或让他能在颐和园里自由居住(而不是作为私产),就可以"不恋"故乡长留此处。

后来,经毛泽东安排,中央为柳亚子在故宫西面的北长街找了一个四合院,与毛泽东居住的中南海相邻,环境优雅,从某种意义上讲也符合"名园"的标准。毛泽东还为这个新居亲笔题写了"上天下地之庐"的匾额,柳亚子当时就表示满意说:"精神更好,大非昔比了。"后来柳亚子同毛泽东还屡有诗词往来,尤其是在抗美援朝战争开始时又有两首《浣溪沙》的唱和。1958年柳亚子病逝后,毛泽东仍怀念这位诗友,在自己的诗词集中收录了两篇与他的唱和之作。

4. 党外人士周世钊与毛泽东有着怎样的诗友情呢?

纵观毛泽东一生,与他相交最久的朋友兼诗友,可能要算周世钊。周世钊生于1897年,于1913年同毛泽东一起考入湖南第四师范,并在同一个班级,就此相识。翌年,第四师范并入湖南省立第一师范学校后,毛周仍在同班学习,且情意甚笃。俩人的同学关系一直持续到 1918 年毕业,长达五年半。在校内,毛泽东有偏科的倾向,数学成绩较差,外语也不好,却特别酷爱文学,尤其是他的作文常受校内教师的表扬。周世钊的兴趣与毛泽东相似,并喜好诗赋,二人就此在文学上结缘。

毛泽东与周世钊同学期间,正值民国初年,国家处于帝国主义侵略和封建军阀的黑暗专制之下。此时,新文化运动兴起,第一师范内开始实行民主教育,再加上进步师长杨昌济、徐特立等人的教诲辅导,使毛泽东、周世钊等人都受到深刻影响。二人充分利用一师的良好环境,如饥似渴地博览群书,坚持锻炼身体,并热心于社会活动。毛泽东当时在课余和假期从事学友会工作,兴办工人夜校,进行农村调查。周世钊也是社会活动的积极参与者,曾担任工人夜校的管理员。毛泽东领导创办新民学会后,周世钊也参加其中。

1917 年 7 月湖南第一师范全校组织了一次"人物互选"活动,12 个班的学生共 575 人,有 34 人当选。第一名是毛泽东,获 49 票;第二名是周世钊,获 47 票。在全校超过 40 票的就只有毛、周两同学。同年学生会改选,毛泽东被选为学生会总务(主席)兼教育研究部部长,周世钊被选为文学部部长,二人并列为校内的学生领袖。在学生会工作中的同事关系,使毛周二人的友情更加深一层。

在长沙的湖南第一师范就读期间,毛泽东与周世钊二人虽有共同爱好,却也显示出志向上的区别。毛泽东在好学的同时,又富有强烈的反抗性格,决心与当时的社会制度进行不妥协的斗争,并有一种特殊的领导和创造才能,具备一种令人心悦诚服的吸引力量。先生们以为他是"异才",是"伟器";同学们认为他是"智囊",是"怪杰"。周世钊则以为人温和敦厚著称,虽然在学习上表现出炽烈而顽强的精神,在政治风浪中不太出人头地。为师友们所称道的,主要是他的文学、诗词的造诣。

1918 年夏天，毛泽东在第一师范毕业后赴北京，周世钊经毛泽东的表兄王季范的介绍到长沙修业小学教国文。翌年毛泽东离开北京大学回到长沙，一时无正式工作和经济来源，便在周世钊处暂时找到一落脚之地，在修业小学上课。寒冬时节，毛泽东因棉被单薄，夜里有时卷着自己的被子到周世钊床上共睡，直至全国解放后，毛泽东还提过与周世钊"盖过一床被子"的旧谊。

青年时代在长沙时，毛泽东与周世钊就有过诗词交往，毛泽东走上革命道路后，周世钊却留在长沙教书。1949 年长沙解放后，毛泽东马上写信给周世钊说："兄过去虽未参加革命斗争，教书就是有益于人民的。"同时，毛泽东还希望他把过去写的诗寄给自己欣赏。周世钊接信非常兴奋，很快就搜集了自己过去所写的诗词寄去。1950 年国庆节前，周世钊应毛泽东之邀前往北京，途中经过河南许昌时写下《五律·过许昌》一首：

> 野史闻曹操，秋风过许昌。
>
> 荒城临旷野，断碣卧斜阳。
>
> 满市烟香溢，连畦豆叶长。
>
> 人民新世纪，谁识邺中王！

到京后，周世钊参加了庆祝建国一周年的国庆观礼，并与阔别多年的老友毛泽东相见。故人重逢，又同是喜好诗词之人，周世钊便以《五律·过许昌》相赠。毛泽东此时正忙于准备出兵抗美援朝的决策，一时无暇以诗相和，不过却始终未忘周诗，时过 6 年之后在回信时还说："时常记得秋风过许昌之句"，可见对此诗十分欣赏。

解放后，周世钊曾担任湖南省副省长，却是以党外民主人士的身份，因而毛泽东与他的往来主要是私交,因此屡屡赠诗。1955 年 6 月,毛泽东在离别 28 年后又来到长沙,曾约省里领导和时任湖南第一师范校长的周世钊一同在城内游览。周世钊陪同毛泽东游罢归家,已是入夜时分。因过于兴奋,不能成眠,在诗兴勃发中挥笔写就一首七律,题为《从毛主席登岳麓山到云麓宫》:

> 滚滚江声走白沙,飘飘旗影卷红霞。
>
> 真登云麓三千丈,来看长沙百万家。
>
> 故国几年空兕虎,东风遍地绿桑麻。
>
> 南巡喜见升平乐,何用书生颂物华。

随后,周世钊将此诗送给毛泽东。同年 10 月 4 日,毛泽东复信周世钊,并附诗一首。信中说:

"惠书早已收读,迟复为歉。承录示程颂万遗作,甚感,并请向曹子谷先生致意。校额诸件待暇当为一书,近日尚未能从事于此。读大作各首甚有兴趣,奉和一律,尚祈指正。"

后面所附的《七律·和周世钊同志》的全文是:

> 春江浩荡暂徘徊,又踏层峰望眼开。
>
> 风起绿洲吹浪去,雨从青野上山来。
>
> 尊前谈笑人依旧,域外鸡虫事可哀。
>
> 莫谈韶华容易逝,卅年仍到赫曦台。

这首诗写出后长期没有发表,估计是作者本人不甚满意。直至 1983 年 12 月 26 日纪念毛泽东诞辰 90 周年时,此诗才公诸于世。这首诗既以艺术的语言描绘了当时的农村形势,又深情追忆了韶华往事,应该说这是一首有强烈政治色彩的抒情诗,也体现了毛泽东对这位老同学、老朋友的情谊。

1956 年 12 月毛泽东曾致函周世钊,并附上一首在武汉写下的词作,那便是著名的《水调歌头·游泳》。此后,毛泽东和周世钊仍保持着比较密切的书信和诗文相交。在 1961 年,周世钊、李达、乐天宇三人曾一起向毛泽东送斑竹以传友情,得到了《七律·答友人》的回复,从而在世上又留下一首脍炙人口的毛泽东诗词,这首诗的全文是:

> 九嶷山上白云飞,帝子乘风下翠微。
>
> 斑竹一枝千滴泪,红霞万朵百重衣。
>
> 洞庭波涌连天雪,长岛人歌动地诗。
>
> 我欲因之梦寥廓,芙蓉国里尽朝晖。

这首诗作,反映了毛泽东对故乡和友人的怀念。毛泽东后来解释诗赠的"友人",就是长沙那位"老同学",也就是周世钊(又有一说是指周世钊、李达、乐天宇三人)。诗中所讲的"芙蓉国",正是毛泽东的故乡湖南,在诗中"尽朝晖"的描绘也是这位领袖对故乡的祝福。

毛泽东怀念并寄语湖南的友人,是与思念家乡的情感紧密相连的。三湘大地,芙蓉之国,水碧沙明,自古人杰地灵,英才辈出。早年在橘子洲头指点江山、激扬文字的毛润之,虽然成为全国人民敬仰的领袖,甚至被一些不懂唯物史观者视为神,却始终保持着乡土之气,浓重的湖南口音终生不改。毛泽东一直对湘楚大地的环境情有独钟,在 1961 年 12 月 26 日自己 68 岁生日这一天,他写给周世钊的信中引用了"秋风万里芙蓉国,暮雨千家薜荔村""西南云气开衡岳,日夜江声下洞庭"两联,随后写道:"同志,你处在这样的环境中,岂不妙哉!"对友人的情谊与对生养之地的萦怀,在信中通过诗情画意融为一体。

毛泽东同周世钊这位老友不仅有诗词唱和,还请他出面接济过一些老人和旧相识。为此,毛泽东从自己的稿费中陆续拨出不少钱给周世钊寄去,如 1965 年 1 月一次就寄过 3000 元。周世钊本人两袖清风,衣食简朴,得到这些汇款都用以接济生活窘困的故友,并说明是毛主席对他们的关怀。

1966 年,史无前例的"无产阶级文化大革命"的狂飙卷起。周世钊就感到甚不理解,向毛泽东上书直言长沙发生的种种想不通的情况,要求面见。此时诸事缠身的毛泽东还是对这位老友复函,内称:"不必来京,事情可以合理解决。"

"文革"初期,按照中共中央起初的决定——"这次运动的重点,是整党内那些走资本主义道路的当权派",周世钊并非"党内"的"当权派",连共产党员都不是,本不该成为批斗对象。然而如同神话中的潘多拉盒子一经打开,跃出的魔怪就非开启者所能控制,身为民主人士的周世钊在运动中也遭受池鱼之殃。由于运动失去控制,一批红卫兵抄了周世钊的家,财产损失虽不大,多年来辛辛苦苦搜集起来的许多古书却被这些擅长"破四旧"又不懂历史文物的造反派们搞得一塌糊涂。满腔怒火的周世钊想求见毛泽东,然而这时个人崇拜所形成的结果,使他已不能像过去那样方便地见到几十年前的旧友"润之兄"。

1971 年"九一三"事件发生后,"文革"的恶果被越来越多的人所认识,原先沉闷的政治局面稍有改变。1972 年 7 月 5 日,周世钊因老友王季范病危进京探望,得他的孙女王海蓉通消息,使毛泽东知道了自己已到京。10 月 2 日晚,王海蓉陪同周世钊来到中南海。相隔多年后,毛周这两位有几十年交情的老友终于又一次相逢。

周世钊回湘后,曾与李津身谈过此事。1985 年 12 月 26 日《湖南日报》发表了李津身所写的《毛主席与周世钊同志一席谈》的文章,对他们的一席谈作了追忆,成为记述毛周晚年这次特殊会面的宝贵记载。据李文记载,周世钊从北京回来后对他说:

我刚从北京回来,见到毛主席,他老曾询及此事,我回答主席说:"一身之外无长物,抄家者一无所获,不过搞乱了我好些旧书,弄得残缺不全,可惜,可惜!痛心!痛心!……"言下仍有痛惜之感。接着又告诉我主席对他说:"……这对你不起,由我负责赔偿,你那些旧书,我这里都应该有,任你挑选拿去作赔,只不得抄我的家……"

此刻,作为"文革"发动者的毛泽东,自然不可能惩治那些被鼓动起来"革命造反"的"小将"们。当时对一般老干部(当然是尚未被打倒者),是强调三个"正确对待"(对待文革、对待群众、对待自己)。抚慰周世钊这样的党外老友,毛泽东则表示"这对你不起,由我负责赔偿",并表示可从自己书房中任意挑书作赔。周世钊自然不可能去拿毛泽东珍爱的藏书作赔偿,不过得到这番话,在那个年代已算是难得的关照和最大的安慰。

据周世钊日记记载,毛泽东在与他会面时还出示了"九一三"事件后写过的一首七绝,全文是:

豫章西望彩云间,九派长江九叠山。

高卧不须窥石镜,秋风怒在侍臣颜。

周世钊还对询问者说，毛泽东又把"侍臣"二字改成"叛徒"，这自然是指林彪。在吟诵这首诗时，毛泽东又戏改了杜甫的《咏怀古迹五首》之三《明妃村》中的前四句，原文是：

> 群山万壑赴荆门，生长明妃尚有村。
> 一去紫台连朔漠，独留青冢向黄昏。

毛泽东将"明妃"二字改为林彪，经此一改，这四句就变成：

> 群山万壑赴荆门，生长林彪尚有村。
> 一去紫台连朔漠，独留青冢向黄昏。

原先追念王昭君出塞的作品，一下子变成讽刺林彪的诗。这在"九一三"事件后的政治苦涩之中，也算是以文字游戏对胸中的郁闷所做的一些排遣。

尽管毛泽东在晚年陷入了政治误区，为此与以往的老友们大多发生了分歧，不过毕竟还是一直惦记着周世钊这位党外的老朋友。1976年初周世钊在湖南病重，同年4月上旬他听到天安门广场事件后，忧愤交加，病势加重。此刻，毛泽东也沉疴难起，仍关心周世钊的情况，并派两位北京医院的大夫专程去长沙救治。可惜的是，他们未来得及诊病，周世钊就于4月20日与世长辞，享年79岁。同年9月9日，83岁的毛泽东也离开了人世。这两位诗友的情谊从"恰同学少年"一直保持到去世前，确实令人感怀。

5. 毛泽东是怎样为秘书胡乔木修改大量诗词的？

解放后，毛泽东同党内同志很少有诗词交往，担任过 20 年秘书的胡乔木应算是一个例外。胡乔木于 1930 年加入了中国共产主义青年团，1935 年在上海转为中共党员，并曾任上海左翼文化总同盟书记、中共临时工作委员会委员。抗日战争爆发后他去延安，任中共青年工作委员会委员。1939 年，胡乔木在《中国青年》杂志上发表了一篇纪念五四运动 20 周年的文章，被毛泽东看中，称赞他"是个人才"。1941 年经毛泽东点名，将原在中共中央宣传部工作的胡乔木调到政治局任秘书，同时也担任毛泽东个人的政治秘书。

在 20 世纪 50 年代，胡乔木的工作是非常辛苦的。他在外面担任几个职务，同时还兼任毛泽东的秘书。白天要正常上班，晚间又经常被召唤，因为毛泽东习惯于夜间工作。在这种情况下，胡乔木几次累得病倒。毛泽东对胡乔木的身体还是很关心的，在他生病后亲自过问，还同意安排胡乔木到莫斯科克里姆林宫医院治病。对于一个此时还不是中共中央委员的人来说，这真是难得的待遇！

由于胡乔木在党中央完成了重要的工作，并得到毛泽东的高度信任，在 1956 年召开的中国共产党第八次全国代表大会上，他当选为中央委员，并担任中央书记处候补书记。这时，尽管胡乔木还保留着毛泽东的政治秘书这一职务，却已经是党的领导人之一。

1958 年，国内出现了急于求成的"大跃进"，胡乔木从此同毛泽东产生了一些重大分歧。1959 年在庐山会议上，胡乔木曾与毛泽东的另外两

位秘书田家英、李锐在一起交谈时都对"大跃进"持基本否定态度,就此受
到冲击。不过毛泽东对胡乔木采取了保护态度,从庐山回到北京后仍让
他同郭沫若联系,以修改《到韶山》和《登庐山》这两首诗。胡乔木在完成
这些事之后,从此再不写社论,自称神经衰弱症更为严重,其实这与庐山
会议的政治风波冲击及"大跃进"受挫的无情现状也有关系。1961 年夏
天,胡乔木向毛泽东请了长期病假,于 8 月 25 日得到同意,从此开始了养
病生活。

胡乔木早年喜好新诗,曾有过一些小作。在毛泽东身边工作时,也曾
帮助毛泽东找过一些旧体诗词,自己也养成了欣赏的习惯,却没有动笔创
作过。此时空闲下来,自 1962 年以后胡乔木注意研究辛弃疾、苏东坡的
词,自称"辛苏之徒"。从 1964 年起,他又开始自己吟诵旧体诗词,而且一
发不可收。

此时胡乔木写旧体诗词,明显受毛泽东影响。1963 年末,国内又公
开发表了一批毛泽东诗词,连同过去公开发表过的,一时有 37 首到处传
诵,乃至成为社会时尚。在这种气候下,从喜欢旧体诗词的文人直至尚不
通此道的大中学生,都纷纷写诗作词,全国的大中学校和不少机关的墙报
上到处是"满江红""七律"一类作品(其中很多只有词牌名,并不合辙押
韵)。过去长期跟随毛泽东的胡乔木也深受感染,于是结合前两年研究
辛、苏词的体会,短时间内填了十几首词。

10 月间,胡乔木把刚刚写成的一些词抄送给毛泽东,并于 10 月 25
日就发表自己的词一事给《人民日报》编辑部写了一封信。看到跟随自己
多年的秘书有了这种爱好,毛泽东当时很高兴,对胡词仔细阅读。读后他
虽认为"词句有些晦涩",不过还是很欣赏,对胡词总的评价是:"基本上还
适用。"

对旧体诗词的共同爱好,使毛泽东与胡乔木在诗文方面一时有了极

为密切的交往。对这批写成的词作，二人的态度都极其慎重，对如何修改反复相商，一时通信不断，切磋诗艺。毛泽东还用了大量时间，逐字逐句地为胡乔木改词。毛泽东不仅自己修改，并要郭沫若、康生等人也提意见，还特地于1964年11月23日在致《人民日报》的信上加写了一句话："请加斧削，如以为可，请予发表。"这种态度，在毛泽东与诗友的关系中是极为罕见的。

1965年1月1日，《人民日报》上一次即发表了署名胡乔木的《词十六首》。一次发表某个人如此多的诗词作品，恐怕是解放后中央党报上的空前纪录。

胡乔木的这些词作，可谓字字句句都是经毛泽东修改并最后肯定过的。他后来谈及此事时曾说过："都是在毛泽东同志的鼓励和支持下写出来，经过他再三悉心修改以后发表的。我对毛泽东同志的感激，难以言表。经他改过的句子和单词，确实像铁被点化成了金，但是整篇仍然显出自己在诗艺上的幼稚。"

从中共中央文献研究室后来发表的毛泽东文稿看，胡乔木发表的多数词都是毛泽东逐句改过的，而且改动还很大。在修改完胡乔木的这些词后，1964年12月30日，毛泽东还专门致信《人民日报》社总编辑安排在新年发表，并告诉中国作家协会副主席刘白羽在《人民文学》转载。同时，毛泽东还提出短信不要刊出，显然是不希望让读者知道胡乔木的这些词是他同意发表的。

此次《词十六首》发表后，引起国内许多领导人和诗词爱好者的注意。陈毅作为经常与毛泽东切磋诗艺的朋友，在1965年1月20日也致信胡乔木，一面转告毛泽东对胡词的意见，一面表示祝贺，信中说："那天在主席处，主席说，乔木词学苏辛，但稍晦涩。主席又说，中国新诗尚未形成，恐怕还要几十年云云。把这消息告诉您，供您参考。您填的词我是能懂的。我认为旧诗词可以新用,您的作品便是证明。因此您初次习作,便能入腔上调便是成功,中间几首我很喜爱。您多写就会更趋成熟,以此为祝!”

陈毅认为胡乔木的词作是旧诗词新用,其评价是比较中肯的。作品虽然用的是古体,语汇却基本属现代。这种创作方式,恰恰又是毛泽东提倡的。

1965年元旦胡乔木的《词十六首》发表后,吟诗作词的兴趣更高,于这年春夏又写出几十首,并继续呈送给毛泽东。对这批诗词,毛泽东也是反复推敲,一再与胡乔木商榷,用了不少心思,并要身边的一些文人帮助看。定名为《诗词二十六首》,在《红旗》杂志1965年第11期和《人民日报》1965年9月29日发表。

此时已开始走出“云雾中”,涉足高层政治并要“露峥嵘”的江青就公然出面,制止胡乔木再向毛泽东送诗词。她对毛泽东“终日把玩推敲”胡乔木的作品极为不满,竟当面指责胡乔木说:“你的诗词主席费的心血太多,简直是主席的再创作。以后不许再送诗词给主席,干扰他的工作!”

胡乔木的诗词创作就此停顿下来,他没有想到,自己与毛泽东诗词交往的中止实际上也意味着个人联系的断绝。“文革”初期胡乔木被停发文件,不许上天安门,每日奉命在家写检查,在“一月革命”的恶浪中被游街还挨了打。1967年5月1日,当胡乔木正遭受“革命造反派”批斗之际,毛泽东在乘车离开中南海前往天安门时突然提出去胡乔木家看望。由于中央警卫团长张耀祠不熟悉路而领错了门,毛泽东没能走进胡宅。不过在那种特殊的动荡时期,毛泽东能接见某人都被国人视为最大殊荣,亲自登门看望更是不可想象的事。这一破例的行动,说明毛泽东当时仍怀念着胡乔木。

这次登门走错后,毛泽东曾传话,表示要再去看望。为此,中央警卫团还到胡宅做了一番布置,并确定了去访的具体时间。然而这一本来已约好时间的登门探望,却因江青的大吵大闹而未能成行。随后,毛泽东传来一句话——"我心到了!"感动万分的胡乔木随即送出感谢信,并提出自己去看主席,却未得到同意。江青等人从中制造了阻力,其理由在当时显然也是令毛泽东不能不考虑的——胡乔木是被批判对象,如果前往看望会影响"革命群众"进行文化大革命的积极性,接见他也不合适。在那个不正常年月的特殊情况下,胡乔木与毛泽东也就此失去了再见面的机会。

尽管如此,毛泽东去胡乔木住所的消息还是在北京不胫而走,原先想到此抄家或揪斗的人得知后再不敢来,这等于颁发了一道天大的"护身符"。此前在幕后操纵揪斗胡乔木的"中央文革小组组长"陈伯达经过揣摩,感到毛泽东还对胡乔木有特殊感情,于是也马上转变态度,要求红卫兵不得对胡乔木当面斗争。

在后来的文化大革命的风暴中,胡乔木成了清静之人,除了接待外调人员和写点检查证明材料外,就是在园内种菜。1988年他在人民出版社出版了诗集《人比月光更美丽》,并在后记中追述了与毛泽东的诗词之交,寄托了由衷的怀念。20世纪80年代后期至90年代初期,胡乔木身体状况日下。此时他抓紧时间,系统回忆了在毛主席身边的工作情况。1992年他在病逝前,还在口述当年为毛泽东当秘书的回忆录。可以说,胡乔木这个名字在国人中的影响,是与毛泽东的名字联系在一起的;胡乔木的诗词之作,也与毛泽东诗词紧紧相关……

6. 陈毅为什么能成为党内高层领导中唯一同毛泽东保持诗交的人?

毛泽东的卫士长李银桥曾回忆说,在有着工作关系的党的高层领导中,能与毛泽东有着长期诗词交往的,陈毅元帅是唯一的人。这是因为早在井冈山斗争时,毛泽东同陈毅就在一起谈诗论词,以后他们会面时就沿袭了长期形成的习惯,谈完工作往往要相互询问写过什么新诗。

在艰苦的战争年代,毛泽东也一直关注着陈毅的诗作,并多次称道陈毅的诗。陈毅的许多诗作,还是在毛泽东的关注下而写成。1929 年初,红四军从湘赣边界突围东进,从此结束了井冈山斗争,开始了创立赣南闽西革命根据地(后来成为中央苏区)的新阶段。同年 5 月间,当红四军二进闽西,三打龙岩后的一天,毛泽东、朱德、陈毅在闽西特委负责人邓子恢、郭滴人的陪同下从西门桥头步入烟雾弥漫的龙岩城,面对战后的场面毛泽东随口说道,陈毅岂能无诗? 只略略沉思片刻,陈毅便应声而出一首:

> 闽赣路千里,春花笑吐红。
>
> 铁军真是铁,一鼓下汀龙。

陈毅曾说过,他是毛泽东的《西江月·井冈山》《如梦令·元旦》等作品的最早读者之一。毛泽东当年还曾把这些诗稿相赠,陈毅对此珍藏多年,后来因为南方三年游击战争的环境艰苦卓绝,九死一生,这些手稿才非常可惜地散失掉。虽然毛泽东书赠的《如梦令》的手稿未能保存下来,陈毅却对其词句熟记在心,以至在 17 年后陈毅率华东野战军转战于沂蒙山区与国民党军主力巧妙周旋时,还模仿毛泽东的这首小令词,写下了《如梦令·临沂蒙阴道中》一词:

临沂，蒙阴，新泰，

路转峰回石怪。

一片好风光，

七十二崮堪爱，

堪爱，堪爱，

蒋贼进攻必败。

　　将这首《如梦令·临沂蒙阴道中》同毛泽东的《如梦令·元旦》相比较，就可看出，陈词《如梦令》的第一句、第二句两句完全是从毛词"宁化、清流、归化，路溢林深苔滑"脱胎而来。毛泽东在词中是以"风展红旗如画"寓情于景，陈毅在词中又是以"蒋贼进攻必败"直抒胸臆。

　　陈毅在青年时代受五四新文化运动的影响，曾选择了创作新诗的方向。当他上井冈山读到了毛泽东的古体诗词之后，深深为之折服，感到以往"不再作旧体诗"的选择有失偏颇。此后，陈毅又开始对古体诗发生了兴趣，他在红军时期的诗作现存十几首，或是格律严谨的律诗和绝句，或是古风，没有一首是白话诗。当然，如《赣南游击词》等虽与词谱的平仄未协，但在形式上还是按《忆江南》词所填。陈毅此时在诗词创作形式上的变化，固然有客观环境变化的原因，主要还是受到毛泽东诗词的影响。

　　正是由于有长期革命战争中结下的这种诗友情，解放后毛泽东才能破例与陈毅保持诗词交往。陈毅有了新诗，往往要拿来给毛泽东欣赏，还请毛泽东为自己改诗。毛泽东曾说过，陈毅的诗豪放奔腾，有的地方像我。陈毅有侠气，爽直。毛陈二人的诗有的地方相像，主要是在气势上都是豪放奔腾。毛泽东和陈毅都是在几十年间久经残酷斗争和战火考验的大革命家，在他们的诗词中都充满了一种可惊天地、泣鬼神并傲视一切艰难的豪情壮志,令人读后可感到心潮震荡,激动不已。毛泽东和陈毅诗词的豪放,不同于古今任何文人墨客的作品,是伟大的革命家在斗争过程中的抒情言志,是一种在革命基础上把豪放派诗词加以发扬光大的结晶。

1964 年 12 月在第三届全国人民代表大会召开期间,毛泽东曾问陈毅,最近怎么看不到你写的诗发表呢? 陈毅见毛泽东如此关注自己的诗作,便回答说:一年来,我走访了近 20 个国家,随手写了十几篇诗,现在还没有定稿,等改好之后,我想呈送主席,请主席大笔斧正,不知行不行? 毛泽东听罢,欣然允诺。在这次谈话中,毛泽东还认为:中国诗歌改革困难甚多,至少还需要 50 年的时间才能看出一些眉目。在革命斗争中以"一万年太久,只争朝夕"的毛泽东,对中国诗歌的改革却主张缓进并如此有耐心,是值得人们寻味的。听到毛泽东的这些意见后,陈毅立即向赵朴初等人作了转达。

谈话之后,陈毅就开始把记叙这一次出访的诗作进行了加工修改,为了不过多占用毛泽东的时间,他只抄了写于出访亚洲 6 国之行的 7 首——《六国之行》,呈寄给毛泽东。1965 年 7 月 21 日,在时隔大半年之后,毛泽东复信陈毅,同时对《六国之行》的第一首作了修改,并加了一个题目——《西行》:

> 万里西行急,乘风御太空。
>
> 不因鹏翼展,哪得鸟途通。
>
> 海酿千钟酒,山栽万仞葱。
>
> 风雷驱大地,是处有亲朋。

据陈毅之子陈昊苏说,此诗中间两联"是毛主席的神来之笔",此诗可以称为毛、陈二人的共同创作,是他们联袂合作的结晶。

毛泽东这次写给陈毅的信,专门谈论诗的创作问题,并对诗歌的创作和中国诗歌的前景发表了不少启人深思的见解,其全文是:

陈毅同志:

你叫我改诗,我不能改。因我对五言律,从来没有学习过,也没有发表过一首五言律。你的大作,大气磅礴。只是在字面上(形式上)感觉于律诗稍有未合。因律诗要讲平仄,不讲平仄,即非律诗。我看你于此道,同我一样,还未入门。我偶尔写过几首七律,没有一首是我自己满意的。如同你会写自由诗一样,我则对于长短句的词学稍懂一点。剑英善七律,董老善五律,你要学律诗,可向他们请教。

只给你改了一首,还很不满意,其余不能改了。

毛泽东与陈毅的战友、诗友之情,在那场灾难性的席卷全国的文化大革命中经受了考验。出于忧国忧民之心,也怀着对毛泽东的期望,陈毅毅然于1967年2月联合叶剑英、徐向前和聂荣臻这三位老帅和谭震林、李先念等老同志奋起抗争。按他自己在当时的话讲:"有人说我陈毅又跳出来了。对!快要亡党亡国了,这时不跳,更待何时!"陈毅敢于怒斥"文革"先锋康生、陈伯达、江青、张春桥一伙,表现了不计个人得失甚至是身家性命的无畏态度。他此刻在接见红卫兵时已经表明了态度——"我的讲话可能触犯一些人,我个人可能惨遭不幸,但是,如果我因此不敢讲自己的意见,我这个共产党员就一钱不值!"

陈毅如此仗义直言,说明他不仅是毛泽东的诗友,也是一位难能可贵的"诤友"。可惜陈毅进行的这次斗争,使他自己被打成"二月逆流"的主帅。不过毛泽东这时虽赞成批判"二月逆流",不过还不想打倒陈毅。1967年4月30日,毛泽东又请陈毅等人到家中开团圆会,同意他们第二天参加"五一"庆祝活动并公开露面。林彪折戟沉沙的"九一三"事件发生后,陈毅十分激动,这毕竟证明了他的警告应验了!

　　1972 年 1 月 6 日，陈毅与世长辞，此时毛泽东也在病中。"九一三"事件发生，事实上已经宣告了文化大革命的理论和实践的破产，毛泽东受到心理上的重大打击，身体也垮了下来。听到陈毅病逝的消息，毛泽东心境凄楚，并采取了不寻常的行动，反映出他非常复杂的心情。

　　1 月 8 日，毛泽东圈发了关于召开陈毅追悼会的文件。这个文件规定，追悼会将于 1 月 10 日召开，由中央军委出面组织，总政治部主任李德生主持会议，叶剑英致悼词，参加人数为 500 人左右，对其他国家领导人、民主人士和外宾都不邀请参加。文件中这样规定，是因为当时因陈毅已不是中央政治局委员，所以没有按照党和国家领导人的高规格来追悼。圈发了这一文件后，毛泽东在两天时间内都处于不安之中。据当时在他身边的工作人员回忆，进入预定召开追悼会的 1 月 10 日后，毛泽东就显得坐立不安。

　　这一天中午时分，按照惯例毛泽东本该休息，他却不肯躺下，在室内坐卧不安。卧室里没有日历，也没有钟表，当时更没有人提醒陈毅的追悼会将在下午 3 时举行。到了下午 1 时半，毛泽东突然问现在是什么时间，得到答复后就坚定地说："调车，我要去参加陈毅同志的追悼会！"

　　这一不寻常的决定表明，毛泽东经过反复考虑，终于在最后时刻克服了内心的矛盾，作出了一个对国内政治形势会有重大影响的决定——亲自参加陈毅的追悼会。由于最后下决心距追悼会召开只差一个半小时，毛泽东在仓促出发时竟还穿着薄毛裤和睡衣，只是在外面套了一件大衣。在隆冬中的这次外出着凉，使毛泽东回来后病情就迅速加重，一度出现了非常紧急的情况，直至 2 月间尼克松来访前夕才抢救过来并勉强支撑起来见客。

　　毛泽东决定参加陈毅的追悼会，完全出乎当时中央的其他领导人和追悼会参加者的意料之外。自 1950 年任弼时去世以后，毛泽东就没有再出席任何党和国家领导人的追悼会。这次突然抱病出现在事先未很好生火的八宝山厅堂里,此时毛泽东在想些什么,没有人知道,不过他的这一悼念行动所产生的结果却是当时我们每个历史亲历者都能感受得到的。第二天,当中央人民广播电台奏出哀乐并宣布毛主席出席了陈毅同志的追悼会时,果然在亿万人心中泛起了感情上和政治上的双重波澜。许许多多老一辈人在动情之余,燃起了"落实政策"、平反"文革"中无数冤假错案的希望之火;更多的年轻人在以往的狂热冷却之后,看到"左派"林彪的垮台和"老右"陈毅被肯定,不禁对那种"打倒""炮轰"式的运动开始产生了怀疑……毛泽东参加陈毅的追悼会,不仅表达了难得的战友、诗友之情,在客观上也奏出了在某种程度上否定文化大革命的前奏曲。

陈毅与毛泽东同是革命家、军事家,也同是诗人。在中国革命的伟大斗争中,他们之间虽然有过不同意见,但是在革命大方向上始终一致,是患难与共的亲密战友。在毛泽东的晚年,俩人对文化大革命的态度出现了重大分歧,不过仍维持着友情,某些分歧在陈毅临终之后也得到弥合,这毕竟是令人欣慰的。

7. 毛泽东同郭沫若在解放后有哪些诗词唱和?

解放后,毛泽东、郭沫若能够在诗词方面密切交往,除了过去的友谊外,主要是因为二人同是诗人,都具备浪漫主义的气质,又同样喜欢旧体诗。毛泽东偏爱屈原,"三李"(李白、李贺、李商隐)、苏轼、辛弃疾等浪漫豪放诗人,郭沫若在这方面的爱好与毛泽东相似。由于意气相投,他们二人经常唱和、赠答、切磋。

毛泽东生前自己审定发表的诗词集 37 首中,就有两首与郭沫若的唱和之作,其中一首是看《孙悟空三打白骨精》后所写的《七律》,一首是看到郭沫若在《光明日报》上发表的《满江红》后所写的和词。虽然这两首诗词都带有那个时期特定的烙印，主题都是突出"反修"，不过也反映出毛泽东与郭沫若二人的诗风相近，并有深厚的友情。

20 世纪 50 年代后期和 60 年代前期，毛泽东曾一度将自己的诗稿交郭沫若"笔削"。例如他写的好多诗词的初稿都先由郭沫若提出意见，然后再加修改定稿。例如 1959 年毛泽东所写的《七律·登庐山》的初稿中原来有一句是"热风吹雨洒南天"，郭沫若看后建议改为"热情挥雨洒山川"。毛泽东看后表示"给了我启发"，不过只是部分吸取郭沫若的意见，最后改成了"热风吹雨洒江天"，然后再交郭沫若征求意见并得到赞许。

进入 20 世纪 60 年代之后，随着国内外风云变幻和各方面压力的增大，毛泽东在情绪慷慨激昂之际，诗词创作进入了一个高峰期，与郭沫若的诗交也更为频繁。当时毛泽东将赫鲁晓夫所继承的俄罗斯大国沙文主义的传统作风以及其国内采取的一些措施认定为修正主义，并将主要注意力转向"反修"斗争，毛泽东的诗词创作也围绕着这一中心。

1961 年 10 月 18 日，郭沫若在北京民族文化宫观看了浙江省绍剧团演出的《孙悟空三打白骨精》。10 月 25 日，郭沫若挥笔写成七律《看〈孙悟空三打白骨精〉》，赠与绍剧团。诗曰：

> 人妖颠倒是非淆，对敌慈悲对友刁。
> 咒念金箍闻万遍，精逃白骨累三遭。
> 千刀当剐唐僧肉，一拔何亏大圣毛。
> 教育及时堪赞赏，猪犹智慧胜愚曹。

此时郭沫若的观剧感主要集中在唐僧身上，痛斥他被白骨精欺骗而当"千刀当剐"、死有余辜,随后又认为"教育及时"。显然,这种说法有些矛盾,而且郭诗中的政治比附又跟不上毛泽东对政治形势的新见解。如同他后来在谈话中解释的那样:"我写这首诗,白骨精比喻为帝国主义,唐僧比喻为赫鲁晓夫修正主义。但主席在和诗中是把白骨精比喻为修正主义,把唐僧比喻为要争取的中间派。"

当时毛泽东已不同意将赫鲁晓夫为代表的"修正主义"看成是唐僧,而视为"白骨精"。按照这种政治寓意,毛泽东在 11 月 17 日写下了《七律·和郭沫若同志》,诗云:

> 一从大地起风雷,便有精生白骨堆。
>
> 僧是愚氓犹可训,妖为鬼蜮必成灾。
>
> 金猴奋起千钧棒,玉宇澄清万里埃。
>
> 今日欢呼孙大圣,只缘妖雾又重来。

毛泽东的诗中讲的"精生白骨",在政治上的明眼人一看便知是指当时所说的以赫鲁晓夫为首的"现代修正主义",并认为它是伴随着革命运动发起而生的(当时在政治上称现代修正主义是对第二国际老修正主义的继承)。这里的"孙大圣",又成了坚持革命原则立场的偶像。

进入 1962 年以后,虽然国际局势继续动荡,反华浪潮不断袭来,但是在毛泽东领导下中国人民顶住了重重压力,并在中印边界进行了胜利的反击,大长了自身志气,大灭了国际反华势力的威风。这时国内由于落实了调整国民经济的政策,在事实上纠正了"大跃进"的冒进错误,经济困难的严重局面终于有了转机,这一年人民生活也有所改善。实践不仅证明中国人民不会向外来压力屈服,还显示出能够顺利渡过暂时困难并争取到美好前景。

面对形势好转,郭沫若感慨万千,心情振奋,在辞旧迎新之际填写《满江红》
词一首:

> 沧海横流,方显出英雄本色。
>
> 人六亿,加强团结,坚持原则。
>
> 天垮下来擎得起,世披靡矣扶之直。
>
> 听雄鸡一唱遍寰中,东方白。
>
> 太阳出,冰山滴;真金在,岂销铄?
>
> 有雄文四卷,为民立极。
>
> 桀犬吠尧堪笑止,泥牛入海无消息。
>
> 迎东风革命展红旗,乾坤赤。

　　该词发表在 1963 年 1 月 1 日《光明日报》上,词意为热烈歌颂中国人
民在国际反华势力(当时称之为帝、修、反)的围攻下敢于坚持原则,有"天
垮下来擎得起"的英雄气概,并对在毛泽东的"雄文四卷"指导下的前景充
满信心。郭沫若还将此词抄送给毛泽东,请予审正。

　　此时,毛泽东正在广州。1963 年 1 月 8 日,他读到郭沫若在《光明日
报》发表的《满江红》词后,一时心潮起伏,自然而然地萌动起久蓄胸间的
诗兴,连夜填写和词。

　　据当时在毛泽东身边的工作人员回忆,在读过郭词的那天晚上,毛泽
东在屋里踱来踱去,时而凝眉沉思,时而昂首吟哦。忽然,他停住脚步,坐
在桌前写上几句,又摇摇头,把纸揉成一团,扔进纸篓。在不断地吟哦、写
作中,这首词篇诞生了。次日清晨,工作人员发现纸篓已装满大半。

1月9日，毛泽东写成和词立即抄送周恩来，并写上"书赠恩来同志"的题字，同时特意提醒："郭词见1月1日光明日报。"后来他又进一步推敲，于2月5日定稿为后来发表时所看到的《满江红·和郭沫若同志》这首长调：

> 小小寰球，有几个苍蝇碰壁。
>
> 嗡嗡叫，几声凄厉，几声抽泣。
>
> 蚂蚁缘槐夸大国，蚍蜉撼树谈何易。
>
> 正西风落叶下长安，飞鸣镝。
>
> 多少事，从来急；天地转，光阴迫。
>
> 一万年太久，只争朝夕。
>
> 四海翻腾云水怒，五洲震荡风雷激。
>
> 要扫除一切害人虫，全无敌。

这首词于2月5日再次手书，其气势磅礴、挥洒自如的手迹，镌刻在"毛泽东纪念堂"南大厅正北的汉白玉壁上，供人们瞻仰。同邓颖超在毛泽东逝世后捐献出的赠周恩来的原稿相对照，词中有多处改动：

"蚂蚁缘槐夸大国"原文为"欲学鲲鹏无大翼"；

"多少事"原为"千万事"；

"四海翻腾云水怒，五洲震荡风雷激"，原文为"革命精神翻四海，工农踊跃抽长戟"。

从诗词的品位上看，经过修改后的稿子，确实韵味更浓，对仗也更工整。

当年毛泽东发表诗词前，不但征求郭沫若的意见，还征求过其他人的意见。如 1959 年毛泽东回家乡后写成《七律·到韶山》，然后拿给湖南省委秘书长梅白看。梅白看后建议，这首诗原来的第一句"别梦依稀哭逝世"中的"哭"改成"咒"，毛泽东不仅欣然同意，还称梅白为"半字之师"。毛泽东修改一些诗词时，还吸收了诗人臧克家的意见。

由农村根据地进入城市后，作为执政党领袖的毛泽东以诗交友，在有些时候既是便于统一战线工作，又以此增进友情。他还通过诗词交往，与一些诗人就如何指导诗歌创作进行了文艺上的探讨。在文化大革命之前的很长时间里，毛泽东以诗交友，还请诗友们修改自己的作品，这不仅是出于谦虚，也表现了乐于吸取他人意见，以便使自己的作品精益求精。

毛泽东去世后，十一届六中全会通过的《关于建国后党的若干历史问题的决议》中对毛泽东思想又进行了解释，说明是"集体智慧的结晶"。毛泽东生前最后定稿并公诸于世的诗词 37 首，恰恰也是通过吸取诗友们的意见，字字句句斟酌，精雕细刻而成，成为能够激励广大人民的艺术精品，这在很大程度上同样也可以说是诗友们集体智慧的结晶。

第六章 日月换新天

　　1949年，中国发生了毛泽东所说的"天翻地覆慨而慷"的变化。新中国诞生前夕，在9月下旬中南海怀仁堂召开的新政协会议上，毛泽东郑重地宣布"占人类1/4的中国人从此站起来了"（后来有些人回忆错了，误传成这是在天安门城楼上宣布的）。从开国大典留下的纪录片中可以看到，当五星红旗升起的时候，有些领导人都激动得流下了眼泪，毛泽东的面部表情却仍然很严肃。毛泽东后来说，新中国成立的时候，是既高兴又不高兴。对此他曾解释说，1949年中国解放我是很高兴的，但是总觉得中国的问题还没有完全解决，因为中国很落后，很穷，一穷二白（引自丛进：《曲折发展的岁月》第141页）。正因为有这种非常清醒的认识和既高兴又不高兴的心情，在天安门举行开国大典留下的纪录片中，很难看到毛泽东的笑容，当时也没有诗兴。

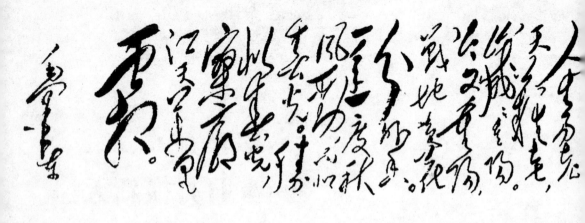

新中国成立后第一批苏联专家到中国来,毛泽东在接见他们时就说过:我们解决了头顶上的问题,还没有解决脚底下的问题。这个比喻的意思是,中国人民头上压着的三座大山推翻了,然而脚下站的基础还是"一穷二白",以后的主要任务就是解决脚下的问题,把国家的基础建设好。从这时开始,中国共产党人的主要任务由夺取政权变为建设国家,作为诗人毛泽东的诗词创作也不再写那种马背上的战斗诗篇,而是用诗词来抒发保卫政权和建设国家的情怀。

1. 在出兵朝鲜的紧要关头毛泽东怎样与柳亚子唱和?

新中国成立后,百废待兴,毛泽东和中共中央其他领导人集中精力于如何恢复国民经济,然而树欲静而风不止,1950 年 6 月朝鲜战争爆发,美国很快把战火烧到鸭绿江边,严重威胁中国的安全。10 月 1 日,天安门广场举行国庆一周年纪念活动后,毛泽东就召集中央领导连天开会,研究是否出兵朝鲜的问题。然而,就在这一紧张时刻,毛泽东却写下了一首《浣溪沙·和柳亚子先生》。

在毛泽东诗词集中,《浣溪沙·和柳亚子先生》这首词标明写于 1950

年 10 月 3 日国庆晚会后的。了解抗美援朝战争史的人,都知道这不是一个普通的日子,这一天正值中共中央领导层在中南海毛泽东的住所菊香书屋连续紧张开会,研究是否出兵朝鲜。

这一年的 10 月 1 日,北京城内还是一片节日的气氛,东邻朝鲜的紧急消息却不断传来。据毛泽东的机要秘书叶子龙对此回忆说,当天"金日成首相发来一封急电,请求中国直接出兵援助。我马上把电报交给毛泽东,毛泽东看后迅速说:'请在京的政治局委员过来开会!'"(《叶子龙回忆录》第 195～196 页,中央文献出版社 2000 年版)

入夜后,天安门广场上国庆的焰火尚未熄灭,中共中央便在中南海颐年堂的会议厅里召开会议。为了最后下定决心,毛泽东因焦虑多少天日夜不眠。毛泽东的卫士长李银桥曾记述道:"毛泽东考虑出兵不出兵,连续几天不能入睡。吃安眠药也睡不着。开会那天,他的东屋里坐了一屋子人。……满屋子烟雾腾腾。从五六点钟开始研究,一直到后半夜。"(李银桥口述《在毛泽东身边十五年》第 159 页,河北人民出版社 1991 年版)有的中央领导人后来曾回忆说,在考虑出兵不出兵朝鲜的问题时,毛主席一个礼拜不刮胡子,留那么长。想通以后开了会使大家意见统一了,才刮了胡子。

1950 年 10 月上旬,是毛泽东日夜苦心思索决心难下的时候。长期跟随毛泽东担任秘书工作的胡乔木回忆说:"我在毛主席身边工作二十多年,记得有两件事使毛主席很难下决心。一件是 1950 年派志愿军入朝作战,一件就是 1946 年我们准备同国民党彻底决裂。"(《胡乔木回忆毛泽东》第 92 页,人民出版社 1994 年版)尽管如此,他作为新生共和国的主席仍要出席一些必要的活动。10 月 3 日晚,为欢庆国庆一周年,中央人民政府在中南海怀仁堂举行了盛大的歌舞晚会,西南各民族文工团、新疆文工团、吉林省延边文工团、内蒙古文工团联合演出了精彩的节目。毛泽东等中央领导人参加了晚会,并邀民主人士柳亚子等一同观看。

毛泽东与国内著名诗人柳亚子相识几十年,并有诗词交往和深厚的私人友谊。当天参加晚会时,毛泽东虽因不断开会并苦苦考虑出兵的决策而连日未眠,仍谈笑风生。当来京参加国庆盛典的各族代表隆重向中央人民政府首长献旗、献礼致敬时,毛泽东对坐在前排的柳亚子说:"这样的盛况,亚子先生为什么不填词以志盛?我来和。"

对毛泽东的这番盛情,柳亚子即席填成一首《浣溪沙》,"用纪大团结之盛况",马上呈给毛泽东。词曰:

火树银花不夜天,
弟兄姊妹舞翩跹。
歌声唱彻月儿圆。

不是一人能领导,
那容百族共骈阗?
良宵盛会喜空前!

很快,毛泽东步柳亚子的词韵合成一首《浣溪沙·和柳亚子先生》,全文是:

长夜难明赤县天,
百年魔怪舞翩跹。
人民五亿不团圆。

> 一唱雄鸡天下白,
>
> 万方乐奏有于阗。
>
> 诗人兴会更无前。

　　从10月1日起直至10月19日志愿军正式跨过鸭绿江,被史学研究者称为艰难决策的"十八个日日夜夜"。直至19日傍晚,聂荣臻代总长到菊香书屋报告部队已经过江,毛泽东只说了一句话"睡觉",李银桥听到他20天来第一次打了呼噜。从当时的会议记录和当事者的回忆来看,10月3日毛泽东写和柳亚子的《浣溪沙》时,正是最焦虑最紧张的时候。毛泽东在过去战争中的习惯却是外部压力越大、越紧张,往往也就会诗兴勃发。在冒着极大风险确定出兵抗美援朝的决策之际,毛泽东仍有诗情与柳亚子唱和,充分体现了泰山崩于前而不动的宏大气魄。

　　对毛泽东这首《浣溪沙》从艺术上分析,可以看出是婉约和豪放并蓄,后来在全国脍炙人口。正是看到"长夜难明赤县天"的悲惨过去,毛泽东才下最大的决心来保卫"一唱雄鸡天下白"的新中国,避免"人民五亿不团圆"的悲剧再重演,敢于出兵到朝鲜抗击美国的侵略。从这首词的创作背景可以看出毛泽东忧国忧民的情怀,同时也体现出常人难以比拟的宏大气概。

　　毛泽东写完这首和柳亚子的《浣溪沙》后,柳亚子非常激动。10月4日和5日晚,柳亚子在怀仁堂观看了中央戏剧学院舞蹈团戴爱莲主演的《和平鸽》舞剧,极为欣赏赞美,又诗兴大发,再填《浣溪沙》词一首:

> 白鸽连翩奋舞前，
>
> 工农大众力无边。
>
> 推翻原子更金圆。
>
> 战贩集团仇美帝，
>
> 和平保垒拥苏联。
>
> 天安门上万红妍！

　　柳亚子的这首《浣溪沙》送到中南海后，毛泽东正在集中精力考虑抗美援朝问题，一时确实没有精力来写和词。集中兵力打歼灭战，是他在战争年代一向倡导的战术原则，同时也体现在平时的工作中间，那便是在一段时间集中精力解决一个主要问题。毛泽东在需要掌管国家全面工作的情况下，经常在一些重大战略决策的关头集中精力研究军事问题，次要的问题暂托他人负责，待解决完头等难题后再转移精力处理其他事务。

　　从1950年10月19日志愿军正式入朝至12月间取得第二次战役大捷，这两个月内是毛泽东集中精力于朝鲜半岛的紧张时刻。从现存的历史资料看，志愿军入朝之初，他经常一天便起草几封电报，同前线指挥员、友方领袖以及国内各部门领导都保持着密切的联络。据毛泽东的机要秘书回忆，在此期间他有半个多月的时间里没有下床，就在床上办公和吃饭，睡眠极少。

　　到过毛泽东故居的人，恐怕对房内的大木床都有深刻印象。那不仅是领袖睡眠的地方，看书学习的地方，在紧张时刻也是办公的地方。毛泽东在特别紧张和多日集中精力处理某一个重大问题时，往往就在床上看文件、起草文电，实在太累了便倒下休息一会儿，接着再继续工作。如此忘我的精神,既是多年养成的习惯,也体现了对党和国家事业高度负责的态度。

1950年11月5日,志愿军取得第一次战役的胜利。这些天,正是毛泽东工作最紧张的时候。直至第一次战役胜利,美国纠集的所谓"联合国军"向清川江以南败逃。看到这一初战胜利,毛泽东才能够松弛一下紧绷的神经,处理一些其他事务,并在闲暇时细看了一下柳亚子写来的词。看到老朋友的词,再联想到朝鲜前线的胜利,毛泽东又诗兴大发,挥笔写下一首和词:

浣溪沙·和柳亚子先生

颜斶齐王各命前,

多年矛盾廓无边。

而今一扫纪新元。

最喜诗人高唱至,

正和前线捷音联,

妙香山上战旗妍。

这里所讲的妙香山,在朝鲜清川江边,是当时的作战前线。在词中,毛泽东引用了战国时代齐宣王与名士颜斶之间对话的典故,说的是他们君臣二人相见时各自都开口要对方走到自己面前。用此典故,是比喻柳亚子在蒋介石面前的凛然姿态。随后,毛泽东又兴奋地认为柳亚子的词作"正和前线捷音联",并以"妙香山上战旗妍"这一句来展示抗美援朝战争的胜利前景。

当时,毛泽东敢于出兵同世界头号强敌美国较量,体现了非凡的胆略;在烽火燃起的同时,又有诗人风采跃然纸上,更令人钦佩不已。在抗美援朝战争开始之际毛泽东留下的瑰丽诗词,不愧为中国历史上的千古绝唱,人们还从中可以看到大无畏的斗争精神。

2. 毛泽东是什么时候前往北戴河并在那里写下《浪淘沙》的?

1953 年 7 月 27 日,朝鲜停战的消息传到中南海。据毛泽东的卫士长李银桥回忆,这一天毛泽东分外高兴,不仅清着嗓子唱了几句京戏,还向身边警卫人员宣布一个决定:从今天起脱军装,我脱,你们也脱。从1953 年朝鲜停战起直至 1966 年"文革"开始,毛泽东和他身边的警卫人员都是身着便衣。这种服装的变化,其实也说明了一个思想变化,由主要考虑战争变为着重考虑和平建设。毛泽东的诗词创作,由此也发生了一个变化,1954 年他在北戴河创作的《浪淘沙》这首词就是一个代表作。由此有人也许会问一个问题:毛泽东当时为什么在那里写下这样一首诗?

北戴河是我国北方的避暑胜地,清朝末年就被在华的外国人和一些达官贵人看中,修建了许多疗养别墅。新中国刚成立时,忙于建设恢复和进行抗美援朝,多数领导人几乎没有闲暇休养。中共中央领导人确定在北戴河实行避暑和办公制度,正式形成于 1953 年夏天,就是抗美援朝战争结束之时。当时北京夏天炎热,又没有空调设备,连风扇都少有,因此中央决定将北戴河选为领导人夏季办公地点。毛泽东到北戴河也起自于1954 年。这一年 4 月他首次到北戴河一游,夏天到此地长住了很长时间,直至 9 月间才离开。此后十余年间,他夏天又经常到北戴河游泳和办公。

1954 年这一年，毛泽东在北戴河停留最久。据身边的保健医生回忆，直到九月天凉，他仍每天下海游泳。在沙滩上漫步时，毛泽东还常嘴里念念有词，后来知道是诵曹操的诗《观沧海》。当时保健医生和警卫人员还很奇怪地问，根据传统的说法曹操不是奸诈的反面人物吗？毛泽东却称赞曹操是大军事家、政治家，还是文学家。曹操的功绩是结束了东汉末年的北方战乱，恢复了当地经济。与中国传统的观念不同，毛泽东评价历史人物的标准是看他对发展社会生产力是否有贡献。千年间的一些史学作品和文学作品从封建正统观念出发，极力丑化曹操，理由就是说他篡夺了汉朝江山。而毛泽东看重的是曹操对社会发展的贡献，并不在乎朝代姓刘还是姓曹。

对曹操的诗作，毛泽东也极为欣赏，同时他也喜欢读南唐李后主的词。1954 年长住北戴河期间，毛泽东写下了著名的《浪淘沙·北戴河》。他对身边的人解释说，南唐后主李煜也写过《浪淘沙》。李煜的词意境和语言都好，但是风格柔靡，情绪伤感，他不喜欢。他说他还是喜欢曹操的诗。气魄雄伟，慷慨悲凉，是真男子、大手笔。后来毛泽东又解释说，他写这个《浪淘沙》是以李煜这个词牌反其道而行之，改缠绵婉约为奔放豪迈。因此，可以说毛泽东的这首《浪淘沙·北戴河》兼收并蓄了李后主和曹操二人作品的风格，意境又独成一体。词的全文是：

> 大雨落幽燕，
> 白浪滔天，
> 秦皇岛外打鱼船。
> 一片汪洋都不见，

> 知向谁边？
>
> 往事越千年，
> 魏武挥鞭，
> 东临碣石有遗篇。
> 萧瑟秋风今又是，
> 换了人间。

这首词的前半阕，多少有点沿袭李后主的词风，不过磅礴大气，例如有"白浪滔天""一片汪洋都不见"的描写，远非李煜那种宫廷缠绵情调所能及。至于毛泽东对"打鱼船""知向谁边"的描写，绝不仅仅是写眼前的一条小船，而是寓意着中国社会主义建设的航船怎样行驶。1954年这一年夏天，毛泽东在北戴河着重考虑的问题，就是下一步社会主义改造和建设怎么搞，"知向谁边"这一句的寓意表现出探索的艰难。

至于《浪淘沙·北戴河》一词的下半阕，毛泽东以艺术的构思描写了曹操的雄姿——"魏武挥鞭，东临碣石有遗篇。""魏武"一词本身就是对曹操的尊称，像《三国演义》一类丑化曹操的作品都将他称为"曹贼""奸雄阿瞒"。严格而论，曹操一天也没当过皇帝，至死还不过是东汉的丞相兼封魏王，是被他的儿子曹丕在篡汉建立魏国后追封为魏武帝。毛泽东在词中对曹操用尊称做了正面描写，是对他文治武功的称颂。"萧瑟秋风今又是"这一句，恰恰又是出典于曹操的《观沧海》的诗作中的"秋风萧瑟"一句，只是把前后颠倒过来变成"萧瑟秋风"，这样更合乎平仄。

毛泽东追忆起"魏武挥鞭"即当年曹操北征时的雄姿，也引用了他的诗句，绝不是简单的怀古，词中的画龙点睛之笔在于"萧瑟秋风今又是，换了人间"。中国共产党人进行的事业,绝不仅仅是像曹操那样结束战乱,更不是再建立一个新王朝,而是要改变整个社会制度,建立一个美好的新人间,这就是《浪淘沙·北戴河》这首词立意深远之处。当然,要换"人间",就要进行全新的建设,至于怎样建设又要探索,有"知向谁边"的苦思苦想。从这个意义上讲,毛泽东这首《浪淘沙·北戴河》又是他如何探索新的建设道路的一个诗化的心理写照。

3. 《水调歌头·游泳》是在武汉游泳后写下的吗?

20世纪50年代前期和中期,毛泽东领导全党全军全国人民在建设社会主义道路上的探索取得了辉煌的成就,这段时期是共和国历史上的黄金时代。当时毛泽东心情比较舒畅,同时也在努力研究如何探索一条符合中国国情的建设道路。他经常外出视察,除了夏天常到北戴河之外,去的最多的地方是武汉和杭州。有人统计过,解放后毛主席去杭州共有四十多次,去武汉有三十多次。还有一种统计方法是毛主席去武汉比去杭州还多,算法之所以出现差异,可能是把路过也算上。

毛泽东喜欢去武汉,有一项原因是他喜欢在长江的大风大浪中游泳,实践他青年时代"自信人生二百年,会当水击三千里"的宏愿。1956年6月,毛泽东就在武汉写下了《水调歌头·游泳》。

查一下毛泽东在解放后的行程记录,可以看出1956年5月下旬他由长沙来到武汉,先视察了长江大桥建设工地,在6月1日、3日、4日三次畅游长江,而且名副其实是"万里长江横渡"——6月1日从武昌游到汉口,6月3日从汉阳穿过正在建设的长江大桥的桥洞游到武昌,6月4日再一次从汉阳游到武昌。毛泽东在致民主人士黄炎培的信中还说,他下

水游了30里,两小时才上岸。这首《水调歌头·游泳》,估计就是在6月初这几天所写。全文是:

> 才饮长沙水,又食武昌鱼。
>
> 万里长江横渡,极目楚天舒。
>
> 不管风吹浪打,胜似闲庭信步,今日得宽余。
>
> 子在川上曰:逝者如斯夫!
>
> 风樯动,龟蛇静,起宏图。
>
> 一桥飞架南北,天堑变通途。
>
> 更立西江石壁,截断巫山云雨,高峡出平湖。
>
> 神女应无恙,当惊世界殊。

对这首词,毛泽东非常欣赏,现在看到的材料就说明,他至少抄录下来赠送过三个人:第一个赠送对象是民主人士黄炎培,毛泽东与他的关系一向密切,还借过黄家珍藏的王羲之的书法来临摹,不过他赠黄炎培的手迹所写标题是《水调歌头·长江》;另一个赠送对象是在长沙的老同学、老朋友周世钊,写的标题也是《水调歌头·长江》;第三个赠送对象是英国元帅、第二次世界大战名将蒙哥马利,是1961年在武汉宾馆与这位外宾送别时以手书相赠,标题已是《水调歌头·游泳》。由此可看出,毛泽东为这首《水调歌头》的词作最先确定的标题还是"长江",后来才改成"游泳"。

从这首词的意境看,的确是表达了毛泽东在武汉畅游长江时的联想。他年轻时就喜欢游泳,经常畅游湘江,不过这次在武汉游泳的笔触,与年轻时"到中流击水,浪遏飞舟"的搏击感已不大一样,那就是"极目楚天舒"

"胜似闲庭信步",因为毛泽东的身份和处境已有了根本变化。在"同学少年"时,毛泽东的奋斗是要推翻那些腐朽的"万户侯",而1956年时的毛泽东已是亿万人民拥戴的全国最高领袖,游泳时一面有休闲之感,一面思考的又是如何建设国家。

果然,在这首《水调歌头》的下半阕,毛泽东的笔触已经跳出了游泳,而是描写万里长江的建设美景。他词中的"一桥飞架南北",指的就是当时正在建设的武汉长江大桥,该桥是长江上第一座建造的铁路、公路两用桥,是中国桥梁史上的一个里程碑,也是当时国内第一个五年计划建设的一个重点项目。当时国内建桥技术还比较薄弱,这座桥由苏联桥梁专家西林帮助设计,毛泽东在1958年7月同苏联驻华大使尤金谈话时还特地表扬过西林"是一个好同志"。这座"万里长江第一桥"于1957年建成通车,毛泽东于1956年游泳并穿过桥洞时,它还在加紧施工而未通车。此时毛泽东看着尚未合拢的钢梁,就已经在词中发出了"天堑变通途"的感慨。

在这座万里长江第一桥还未竣工时,毛泽东就豪迈地讲过,将来要在长江上修二三十座桥,到处都能走。截至2007年的统计,长江上已经建成了54座大桥,而且还有些新桥在建,仅武汉市区内就有一桥、二桥、三桥和天兴洲大桥这四座长江大桥。当年毛泽东的理想不仅实现而且大大超过,这是足以告慰他老人家的!

在这首《水调歌头》中,毛泽东描绘了长江大桥能使"天堑变通途",接着又预想了长江三峡工程的建设——那就是"更立西江石壁,截断巫山云雨,高峡出平湖。"在三峡建大坝,孙中山设想建国方略时就已提到,不过旧中国连一个中型水电站都不能建,水轮发电机都不会生产,三峡工程只是停留在纸面上的设想。

新中国成立初期,毛泽东一再思考三峡工程,还乘船在长江上做过考察,征求过许多专家的意见。以 20 世纪 50 年代国家的技术水平和建设资金,还不可能建成世界最大的水电工程。不过毛泽东以诗人的浪漫,在畅游长江时就已用写诗词的方式,勾画出大坝建成后"高峡出平湖"的美景,这体现了他远大的抱负。

值得提到的是,在 1958 年"大跃进"出现全国性的狂热时,毛泽东对三峡工程还是保持了难得的冷静头脑,没有出于浪漫而是尊重现实,没有允许工程上马。一些专家后来评述,那时三峡工程若上马,肯定会是一场大灾难。到了 20 世纪 90 年代,我国终于有了充分的财力和技术条件,发电量堪称世界第一的三峡工程终于开工,并在如今建设起来,这也实现了毛泽东"神女应无恙,当惊世界殊"的美好设想! 我们今天再看《水调歌头·游泳》这首词,应该看成是以诗词意境勾画的新中国建设的一个宏伟蓝图,表现了历史伟人的宏大气魄。

4. 为什么余江县消灭了血吸虫会使毛泽东如此兴奋?

新中国成立初期,国家集中财力用于工业基础的建设,不过作为一个农民的儿子,毛泽东也始终在想办法改变农村的落后面貌。广大农村一无医、二无药的情况,始终在他心头。1958 年 7 月 1 日毛泽东读到前一天的《人民日报》,知道江西余江县消灭了血吸虫,竟"浮想联翩,夜不能寐",欣然命笔写下了《七律二首·送瘟神》。

血吸虫病是流行于中国南方危害最大的疾病之一,特别是对下水田的劳动人民威胁最严重,夺去了许许多多人民的生命。毛泽东过去长年生活在南方农村,对于这一点有切身感受。旧中国反动当局对这种很难威胁到官老爷的疾病长期不重视,新中国成立后人民政府就对血吸虫病开战。1955年毛泽东还亲自发出号召:"一定要消灭血吸虫病。"经过政府和各级组织发动群众开展防病的人民战争,到1958年有许多地区大见成效,江西省余江县就是一个典型。毛泽东看到这篇报道,见到广大农民的痛苦得到解除,心情自然激动,于是"遥望南天,欣然命笔"写下题为《送瘟神》的七律两首,全文是:

> 绿水青山枉自多,华佗无奈小虫何!
> 千村薜荔人遗矢,万户萧疏鬼唱歌。
> 坐地日行八万里,巡天遥看一千河。
> 牛郎欲问瘟神事,一样悲欢逐逝波。
>
> 春风杨柳万千条,六亿神州尽舜尧。
> 红雨随心翻作浪,青山着意化为桥。
> 天连五岭银锄落,地动三河铁臂摇。
> 借问瘟君欲何往,纸船明烛照天烧。

写完《送瘟神》这两首七律后,毛泽东还专门写了一篇几百字的跋,说明写作的意义。接着,毛泽东又给他的秘书胡乔木写了一封信,说自己"睡不着觉,写了两首宣传诗,为灭血吸虫而作。"毛泽东还要求胡乔木与《人民日报》联系,"请在明天或后天的人民日报上发表"。毛泽东在跋文中感慨地说:"就血吸虫毁灭我们的生命而言,远胜于过去打过我们的任何一个或几个帝国主义。八国联军、抗日战争,就毁人这一点来说,都不及血吸虫。"毛泽东还强调,"灭血吸虫是一场恶战。"

毛泽东写完这两首七律诗,又写跋并致信胡乔木安排发表,可看出当时他的心情非常兴奋和迫切,不过这两首诗过了三个多月才在《人民日报》刊登,则是由于毛泽东一时兴奋之后又要求暂缓发表,并对这两首诗逐字逐句反复斟酌修改,反映出他对公开诗作一向慎重的态度。

毛泽东写的这两首七律,第一首是讲旧社会的黑暗,叹息"绿水青山枉自多,华佗无奈小虫何"的过去,说明人民的痛苦和对病魔的无计可施。第二首以欢快的笔调,讴歌了"春风杨柳万千条,六亿神州尽舜尧"的新景象,说明通过奋斗,最后能够在"纸船明烛照天烧"的气氛中把瘟神送走。

回顾毛泽东时代,不仅毛泽东诗词中体现了对人民健康特别是广大农村的卫生条件的关心,现实工作中也采取了种种措施改善人民的生活。改革开放以前,中国人民生活水平还不高,卫生防病条件同旧社会相比却有天壤之别。不论国内外一些别有用心的人如何攻击,一个铁的事实是无法否认的,1949 年毛泽东领导新中国以前,中国的人均寿命不过三十几岁,婴幼儿的死亡率就将近一半,至 1976 年毛泽东去世时,中国的人均寿命已经增长到了六十几岁。

毛泽东一向心系人民,他教导全党全军全体干部以"为人民服务"为宗旨,这种精神在《送瘟神》这两首七律中也得到充分体现。这种心系人民的精神,恰恰是毛泽东深深感动亿万中国人之处。

5. 毛泽东回故乡的诗作有什么特点?

在和平建设时期,毛泽东还特别强调人是要有一点精神的,他的诗词创作中也特别怀念过去革命斗争中的那种奋斗精神,并总想在新时期以此来激励人们。1959 年 6 月 25 日,毛泽东回到了阔别了 32 年的故乡韶山,看到那里发生的巨大变化心情非常激动。第二天一早,毛泽东先到父母的坟前悼念,接着又访问毛氏宗祠,到滴水洞水库游泳,晚间自费设席招待了父老乡亲和朋友、亲戚们。客人们散去了以后,毛泽东仍心潮澎湃,不能入睡,在感慨万千中写下了《七律·到韶山》。自古以来,名人常留下回乡之作,大都是怀念个人的乡情亲情,毛泽东一别32年后的回乡诗作《七律·到韶山》却是另外一番情怀:

> 别梦依稀咒逝川,故园三十二年前。
>
> 红旗卷起农奴戟,黑手高悬霸主鞭。
>
> 为有牺牲多壮志,敢教日月换新天。
>
> 喜看稻菽千重浪,遍地英雄下夕烟。

在这首诗中,毛泽东表现出强烈的爱憎情绪,他没有追记个人家庭的往事,没有提到亲人和少年往事,没有"少小离家老大还"那种传统格调,而是跳出了"自我",回忆的是家乡血与火的阶级斗争。

严格地讲,毛泽东是17岁时即1910年去湘乡上东山小学堂时就离开了韶山,从此在外面求学、干事业,在1927年以前只是偶尔回家看一下,其中只有1925年那一次住得时间久一点,如此算来离开故园的生活已经有49年。毛泽东追忆的却是"故园三十二年前",指的是他在1927年初大革命高潮时那次考察湖南农民运动时顺便回家乡的情景。

1927年毛泽东回韶山,是1月7日到韶山,1月9日就离开家乡到湘乡县,此行只住了两天。随后,毛泽东又到湖南各地考察农民运动。如此从广义上讲,这首诗所讲的返回的"故园"已经不止是韶山一地,而是整个湖南。

从1959年向前追溯的"三十二年前",正是1927年那场轰轰烈烈的湖南农民运动蓬勃之时,到处是一幅"红旗卷起农奴戟"的场面。长期受压迫的贫苦农民,在共产党和"毛委员"的号召下,给那些土豪劣绅们戴上了高帽子,到他们家小姐、少奶奶的牙床上打滚。然而几个月后,湖南就发生了"马日事变",土豪劣绅们在国民党军阀的支持下拼命反扑,出现了"黑手高悬霸主鞭"的血雨腥风情景。在随后二十多年的残酷斗争中,全国革命人民前仆后继,终于赢得了革命的胜利。毛泽东想到这些,自然会久久不能成眠,在回乡的第二天就奋笔写下这首雄壮的诗篇。

这首诗最雄浑的两句,恰恰也是长久鼓舞全国人民的两句诗,那就是"为有牺牲多壮志,敢教日月换新天"。毛泽东的这两句诗,也是整个中国革命斗争所凝聚的奋斗精神的高度艺术概括,也是毛泽东自己一家的写照。记得小时在1966年首次看到杨开慧的哥哥杨开智讲述毛泽东一家六位亲人牺牲的历史过程的记录,题目也正是这两句。为了中国人民的解放事业,毛泽东的兄弟三人以及众多亲属都参加了革命,先后牺牲了妻子、两个弟弟、儿子、侄儿等六位亲人,这是全国人民追念起来就久久为之感动的。

毛泽东诗中提出的"敢教日月换新天"的奋斗精神,不仅是怀念过去的革命斗争,也是对建设事业的希望。《七律·到韶山》的最后两句还是落实到现实的建设上,那就是"喜看稻菽千重浪,遍地英雄下夕烟。"毛泽东希望的是发扬过去的革命精神,能鼓舞现代的遍地英雄,能取得"稻菽千重浪"的农业成就,以及其他建设成就。

人到老年容易怀旧,毛泽东从回韶山到重上井冈山,都表现了一种怀旧情绪,同时也是进行新探索的自勉。毛泽东急于改变中国落后面貌,力求建立一个美好的理想社会。正是在这种想象境界中,毛泽东于返回韶山后又上庐山参加中央会议,想起了陶渊明《桃花源记》,在庐山上写下的"陶令不知何处去,桃花源里可耕田"。后来,他又以"一万年太久,只争朝夕"的想法,希望在他有生之年重新改造中国。尽管毛泽东晚年的探索出现了一些问题,但是他那种"敢教日月换新天"的豪迈气概,仍然是留给后人的宝贵精神财富。

6. 怎样看待毛泽东晚年的"反修"诗作?

在讲述毛泽东诗词时,人们不能回避 20 世纪 50 年代末期至 60 年代所写的大量"反修"题材的诗词。新中国成立后的头几年,国内建设在凯歌声中胜利前进,内外形势比较好,毛泽东写的诗词数量相对不算多。从 1959 年至 60 年代前期,国内经济出现严重困难,中国的对外关系又趋于恶化,特别是中苏关系出现了破裂,此时毛泽东创作的诗词数量大为增加,而且大都围绕着"反修"和激励人民奋斗这一中心命题。如 1959 年末毛泽东在杭州写下了两首《七律·读报》,表达了对苏联领导人赫鲁晓夫的愤慨之意。进入 20 世纪 60 年代后,他又在中苏关系恶化和"反修防修"的形势下写下了《七律·和郭沫若同志》《卜算子·咏梅》《七律·冬云》《念奴娇·鸟儿问答》等一系列有着强烈斗争情结的诗词。

在当时中国国内出现严重经济困难,对外关系又十分紧张的严峻形势下,毛泽东面对挑战斗志勃发,以"乱云飞渡仍从容"的心态迎接困难。他描绘出"高天滚滚寒流急"的形势,讴歌"独有英雄驱虎豹,更无豪杰怕熊罴"的气概。这种写作风格,恰恰也是毛泽东越身处逆境越要奋斗、越有诗兴的性格反映。

事过多年后,对于这些"反修"为主旋律的诗词应该怎样看待呢?1981 年中共中央十一届六中全会通过的关于建国后新的历史问题的决议,对"反修防修"的问题已经做出了结论。历史事实证明,当时对于什么是修正主义没有做出科学的解释,处理很多问题采用极左的方法。参加过这一事件的老一代革命家伍修权在 20 世纪 90 年代也有一段很精辟的回忆说:"对于这场 30 多年前的'反修大战',我党已经在种种场合用不同的方式作了新的评价和结论,认为它是可以避免和不该发生的。……我们当时从若干论点到某些做法上,都不能说是完全正确无误的,它是我们党内当时那股'左'的思潮在对外政策上的反映。毛主席作为这场'国际反修大战'的最高指挥,一方面表现了他非凡的才智和魄力,另一方面多少也反映出他个人的失误和局限。"(《炎黄春秋》1994 年第 4 期)

毛泽东的诗词是政治诗词,想研究毛泽东晚年的诗词,就不能不研究一下毛泽东晚年的政治追求。1956 年苏共召开二十大,批判了斯大林,对毛泽东在思想深处产生了重大冲击。同年中共 9 月召开八大时,毛泽东在会见南斯拉夫共产主义者联盟代表团时曾高度评价苏共二十大对斯大林的批评,非常深刻地说了这样一段话:"对斯大林的批评,我们人民中有些人不满意。但是这种批评是好的,它打破了神化主义,揭开了盖子,这是一种解放,是一场解放战争,大家都敢讲话了,使人能想问题了。"(注:《毛泽东外交文选》第 260 页,中央文献出版社、世界知识出版社 1994 年版)不过同年秋天波兰、匈牙利事件发生后,毛泽东认为出事的根源是赫鲁晓夫丢掉了斯大林"这把刀子",于是此后对斯大林的错误就未能进行更深入的研究。不过鉴于苏联体制的弊病已暴露,毛泽东又进行过艰难的新探索,并毅然与昔日的"老大哥"彻底决裂。尽管这一探索在很大程度上不成功,毕竟成为独立自主地开创有中国特色的建设道路的先河。中国共产党人在思想上真正摆脱苏联模式的束缚,开展毛泽东所形容的认识斯大林错误的思想"解放战争",是在 1978 年末召开的十一届三中全会后由党的新一代领导集体的努力才得以实现。

看到苏联模式的弊病被揭露出来,毛泽东此后 20 年间就在一直思考开创一条有中国特色的社会主义建设道路。正如当时毛泽东的秘书胡乔木所讲的,毛主席日思夜想,就是走出一条比苏联更好的道路来。青年和中年时期的毛泽东认为要"走俄国人的路",晚年的毛泽东又要突破苏联模式开拓新路。如今我们在回顾当年中苏两党的关于"国际共产主义运动总路线"的论战,从这一命题本身就可看出双方都在坚持世界社会主义运动要有一个指导模式的传统思维方式,都认定自身的路线是整个国际共运应该遵循的方针。邓小平后来在谈到国际共运大论战时也深刻地总结说:"我们的真正错误是根据中国自己的经验和实践来论断和评价国际共运的是非,因此有些东西不符合唯物主义和辩证法的原则。"〔中共中央文献研究室编:《邓小平年谱》(1975—1997 年),第 944 页,中央文献出版社 2004 年版〕

人们认识到"反修防修"存在"左"的错误时,也还要看到另一面,那就是毛泽东以无畏的气概反对苏联领导人传统的大国沙文主义,维护中国的权益和尊严,这一点还有着积极意义。人们在分析毛泽东晚年的诗词时,对于其号召人民顶住外来压力、不向强权屈服和发扬自力更生的奋斗精神,还是应该肯定的。

7. 毛泽东怎样看待诗歌改革?

从毛泽东个人兴趣而言,喜好的是中国古典诗文,在革命战争乃至新中国成立后所写的多是旧体诗文。不过为了激励人民斗争,他在延安时期就倡导过新诗,并提出了诗作改革的方向。

在延安时期,倡导新诗歌运动的代表人物是萧三,他在小学和中学时都与毛泽东是同学,而且个人关系很好。1920 年 7 月萧三等人赴法国勤工俭学,与毛泽东还有书信来往。萧三后来参加了中国社会主义青年团旅欧支部,经阮爱国(即后来越南人民的领袖胡志明)介绍与赵世炎、王若飞等一起加入了法国共产党,与他的哥哥萧瑜在政治上分道扬镳。1922年萧三又赴莫斯科,入东方劳动者共产主义大学学习,并转入中国共产党。1924年夏天萧三回国,曾在上海任共青团中央组织部长并代理过书记,并与毛泽东重逢。1927年大革命失败后,萧三又去了莫斯科,在培养许多中国党的干部的东方大学任教,不久参加了国际革命家作家联盟,成为专职的文学工作者。萧三将写诗作为宣传中国土地革命和工农红军,介绍左翼文化运动的武器。1939年5月,他从苏联回到延安,又见到了阔别12年的老友毛泽东。

此时毛泽东作为全党的最高领袖,正运筹帷幄,领导着全党和全国的各抗日根据地,与老友萧三相见后因分外高兴,索性放下手头的工作彻夜长谈。后来,他们二人又一再见面并谈起诗作,萧三还以手抄诗集相赠。在创作风格上,萧三始终不提倡写旧体诗词,主张向民歌学习,向古典诗歌学习,在这二者的基础上发展成为民族形式的新诗,对此毛泽东表示赞成,并认为是现在需要战斗的作品。

根据中共中央的安排,萧三被任命为鲁迅艺术学院编译部主任、陕甘宁边区和延安文协党委常委,到任后他就大力推广新诗运动,其目标就是把诗从少数人孤芳自赏的状态下解放出来,成为动员人民进行革命斗争的武器。当时的延安已经开展起街头诗运动,萧三到达延安后马上成为这场运动的积极组织者和倡导者。为了把延安的诗歌创作力量团结在一起,他出面组成"延安诗社",并由"战斗诗歌社"和"山脉文学社"合编《新诗歌》刊物,于1940年9月1日正式创刊,对培养青年诗人和推动新诗歌的发展起到了积极作用。

1941年初,萧三写的几首白话新诗送给延安的报社,结果不喜欢旧诗的人不接受,未能发表。他就给毛泽东写了一封信,并将这些诗附上。1月29日,毛泽东看后表示,报纸不登,就在街头发表好了。

由于有毛泽东的支持,萧三在延安掀起了街头诗运动,就是以类似贴大字报的形式,把通俗的白话诗贴在街头墙上,有时还站在街头朗诵。当时有些人就认为"不雅",萧三却说这是诗人的方向。事实证明,在火热的战争年代,那些通俗的新诗歌,包括顺口溜在军队和群众中广为流行,起到了鼓舞军民士气的作用。而那些旧体诗词,中国绝大多数老百姓因文化低看不大懂,确实很难成为发展的方向。

全国解放之后,毛泽东身为党和国家的领袖,为了指导文艺工作,同诗人臧克家、袁水拍之间又有了频繁的往来。1956年,诗人臧克家担任了中国作家协会书记处书记,负责筹办《诗刊》。同年10月间经副主编徐迟倡议,他给毛泽东写了信,把收集到的毛泽东诗词送上,请求校订后交明年1月创刊的《诗刊》发表。1957年1月22日,毛泽东给臧克家及《诗刊》编委诸同志写了亲笔信,并把亲自校订的18首旧体诗词也随信寄来,信中还祝贺说:"《诗刊》出版,很好,祝它成长发展。"为了探讨中国诗歌的发展方向,毛泽东与担任《诗刊》主编的臧克家多次面谈并有不少书信往来,其中提出了对发展中国新诗的深刻见解。毛泽东对这一杂志的出版也十分关心,当他得知因纸张困难《诗刊》只能印行1万份时,还亲自批准增加纸张供应,扩大印行至5万份。

新中国成立后,宣传和出版部门就提出要发表毛泽东的诗词,毛泽东在很长时间内却表示反对,直至1957年《诗刊》首次发表18首诗词时还写信说明:"因为是旧体,怕谬种流传,贻误青年。"毛泽东还特别强调,"诗当然应以新诗为主体,旧诗可以写一些,但是不宜在青年中提倡,因为这种体裁束缚思想,又不易学。"

8. 毛泽东为何提倡新诗却又喜欢旧体诗词？

在新旧体诗的创作问题上，毛泽东长年存在着一个很大的矛盾。他虽然擅长旧体诗，却认为提倡此道会贻误青年。毛泽东虽力主应以新诗为主体，对国内已发表的新诗评价又甚低，不仅不愿写这种体例，甚至说过我是不看新诗的，给我100块大洋也不看。

作为毛泽东的诗友陈毅，在解放后一向注重写白话诗，他认为"写诗要写得使人家看懂"，尤其在中国这样一个大多数群众文化水平不高的国度里更是这样，而旧体诗词的传统读者群就毕竟有限。陈毅的这种观点，得到毛泽东的赞同。对于诗的格律，毛泽东的看法倒是与陈毅有所不同。陈毅主张不讲平仄，毛泽东却认为："律诗要讲平仄，不讲平仄，即非律诗。"不过，白话诗只能要求押韵，讲平仄实际上办不到，因此新诗毕竟与律诗不能等同。

1957年苏联最高苏维埃主席团主席伏罗希洛夫元帅访问中国，陈毅负责陪同，并将陪同游览的情景写了一首白话诗，发表于《人民日报》的文艺副刊。毛泽东阅读后专门写了一封信表示称赞。后来毛泽东还对陈毅说，你还可以写新诗，你的胆子大，我不敢写。

1958年在发起经济上的"大跃进"时，毛泽东曾亲自倡导发起了一场新民歌运动。当时有人提出口号是六亿人都是诗人，可是当时出现的诗歌大都是押点韵的标语口号，而且充满"浮夸"吹牛的特征，也缺乏起码的文采。毛泽东很快就对这场新民歌运动表示失望。在1959年3月的郑州会议上，毛泽东就说："写诗不能每人都写，要有诗意，才能写诗。几亿农民都写诗，那怎么行？这违反辩证法。"事后证明，在违反客观规律的情况下提倡浪漫主义,所创作的许多新诗是典型的"假、大、空"作品,最后只能以失望告终。

　　后来,毛泽东自己也尝试着写过新诗,现在可以看到的一篇作品就是写于1963年的歌颂南京路上好八连的三言诗。其全文是:

杂言诗·八连颂 （1963 年 8 月 1 日）

好八连,天下传。

为什么? 意志坚。

为人民,几十年。

拒腐蚀,永不沾。

因此叫,好八连。

解放军,要学习。

全军民,要自立。

不怕压,不怕迫。

不怕刀,不怕戟。

不怕鬼,不怕魅。

不怕帝,不怕贼。

奇儿女,如松柏。

上参天,傲霜雪。

纪律好,如坚壁。

军事好,如霹雳。

政治好,称第一。

思想好,能分析。

> 分析好，大有益。
>
> 益在哪？团结力。
>
> 军民团结如一人，
>
> 试看天下谁能敌。

　　严格讲来，这首诗与他以往创作的旧体诗词相比，无论从风格、意境和语言上都要逊色不少。大概由于毛泽东自己也不满意，当时没有同意公开发表，只安排内部刊印。后来人们广泛引用了最后两句——"军民团结如一人，试看天下谁能敌。"被引的这两句，恰恰与这首新诗整体结构不甚合拍，还是对旧体诗的沿袭。

　　写了《八连颂》，做了新诗的尝试之后，毛泽东后来的诗词创作又回归到旧体诗词。正是出于对新诗创作的失望，1965 年 7 月 21 日，毛泽东曾写信给陈毅谈诗词，认为："用白话文写诗，几十年来，迄无成功。民歌中倒是有一些好的。"因此，毛泽东与陈毅一致认为，诗歌发展将来趋势，很可能从民歌中吸取养料和形式，发展成一套吸引广大读者的新体诗歌。毛泽东认为，中国诗歌改革困难甚多，至少还需要 50 年的时间才能看出一些眉目。在革命斗争中一向倡导"只争朝夕"的毛泽东，对中国诗歌的改革却主张缓进并如此有耐心，是值得人们寻味的。

　　从毛泽东个人喜好来说，一直还是愿意写旧体诗词，他向别人赠送的都是旧体诗词，对萧三、陈毅所写的新诗虽有鼓励之语却没有一首唱和。据当年被毛泽东戏称为"半字之师"的梅白回忆，毛泽东曾说过："我冒叫一声，旧体诗词要发展，要改革，一万年也打不倒。因为这种东西，最能反映中华民族和中国人民的性格和风尚，可以兴观群怨嘛，怨而不伤，温柔敦厚嘛。"

　　通过毛泽东对新旧诗词两方面的评价，如今的人们可以感到，在诗坛上新诗、旧诗都不应该偏废，以新诗为主时也可以写一些旧体诗词。尤其是面对一个多元化的社会，诗作形式也应该多元化，这正符合毛泽东倡导的"百花齐放"的精神。

　　到了暮年，毛泽东因感到自己发动的政治运动很不如意，心境寂寞凄凉，又完全回归到吟诵古典诗词的传统喜好之中，对当时社会上搞得沸沸扬扬的所谓人人作诗的"新生事物"根本不屑一顾。毛泽东病势沉重时，自己已不能动笔，却请人在身边朗诵古赋——"昔年种柳，依依江南；今看摇落凄怆江潭；树犹如此，人何以堪……"1976年夏秋，听着《恨赋》《枯树赋》，毛泽东这位伟大诗人走完了生命最后的旅程，可以说旧体诗词伴随了毛泽东的一生。

　　纵观毛泽东对诗词的态度，人们可以看出一个难以自解的矛盾——他自己爱好旧体诗词并以此交友，却又不提倡这种体例；他自己不喜欢新诗，却号召予以推广。这种理想与现实的矛盾，个人喜好与斗争需要的冲突，任何站在历史大潮之中的政治家往往都会遇到。作为一个革命家，毛泽东主张破旧立新，为发动最广大的群众需要倡导通俗化的新诗；作为一个深受中国传统文化熏陶的诗人，毛泽东又钟爱旧体诗词，终生与之为伴。

　　从青年时代三湘有名的"润之先生"，到老年时代亿万人欢呼的毛主席，按他自己的讲法始终是"虎气"和"猴气"并存，身上存在着矛盾着的两重性——毛泽东主张与传统决裂，富有对旧事物的反叛精神，本身却又带着深重的中国传统积淀。作为一个革命家，他无情地扫荡面前一切对立面；作为一个诗人，他又富有细腻柔情。这两重性表现在毛泽东身上合为一体，恰恰构成了一个革命家兼诗人的完整形象。

　　如今，改革开放的大潮改变了中国的面貌和人们的观念，然而毛泽东诗词同毛泽东思想理论体系一样，仍然是人们所应该继承的宝贵财富。柳亚子曾赞誉诗友毛润之道："才华信美多娇，看千古词人共折腰。"逝者如斯夫！毛泽东及他的诗友们虽然已先后魂上重霄九，然而他给后人留下的那些瑰丽诗词，不仅是中国革命史上的绝唱，也是激励亿万人奋进的心曲。今天我们再重温毛泽东诗词，从中可以看到是人而不是神的毛泽东，同时能够品味到中华文明中的传统文学所带来的艺术享受……

结束语

　　从 20 世纪 20 年代起，几代国人生活的欢乐和忧思、事业的荣辱与成败，都曾与毛泽东这个历史伟人的思想和行动联系在一起，毛泽东的诗词和语录也经常在亿万人的耳边回荡。从太平洋彼岸那个金元帝国的历届总统，到北方强邻的各位首脑，也时常关注着这位虽出自"一穷二白"之国却有着独特性格和惊人魅力的中国巨人。不论是他的崇敬者，还是他的朋友或同情者，甚至是他的敌人，在许多时候都不能不承认他的威力和影响几乎无处不在。那位在意识上与毛泽东处于对立状态的美国总统尼克松，于 1972 年 2 月首次访华见到毛泽东时也由衷地说："主席的著作推动了一个民族，改变了整个世界。"他在人民大会堂的宴会讲话上也引用了一句毛泽东诗词——"一万年太久，只争朝夕。"

　　对于当今大多数中国人来说，毛泽东始终是心目中最伟大的领袖，其神圣的位置是多少年里无法替代的。作为"载舟之水"的中国亿万普遍群众始终崇敬毛泽东，是将他们自身社会地位的根本改变归功于毛泽东。尽管新中国建立后的建设事业走过曲折的道路，既有辉煌也有挫折，然而一个铁的事实却是举世公认，那就是毛泽东时代奠定了中国工业化的最初基础，改变了旧中国"长夜难明赤县天"的黑暗，迎来了"六亿神州尽舜尧"的新天地。改革开放 30 年来的伟大成就，正是在这个基础上发展而来。

　　以革命与战争为主旋律的 20 世纪上半叶，那是一个需要巨人和产生巨人的时代，如列宁所说："伟大的革命运动会造就伟大的人物"（《列宁全集第 29 卷第 71 页》，毛泽东正是那个时代造就的巨人。近代中国，积贫积弱，灾难深重，史册上所写下的记录就几乎全部是中国人屈辱挨打的历史。伴随着沦丧国土的悲鸣，强国救亡的呼声也逐浪腾高——

五月七日，
民国奇耻。
何以报仇，
在我学子。

青年毛泽东这一热血男儿得知袁世凯政府接受"二十一条"后的奋笔疾书，道出那个历史时代追求进步的中国人的心声。近代湖南，又是地灵人杰。20 世纪初期，"中国如为德意志，湖南便是普鲁士"的豪言，曾在三湘志士中流行一时。毛泽东这样的历史巨人出自湘潭，并非由于远古时舜帝南下到此奏过"箫韶九成"，给这座因韶乐而得名的山峰，以及山脚下的韶山冲带来过什么"王者之气"。唯物主义的一条基本原理是，存在决定意识。如同两块燧石相撞能迸出炫目的火花，两种文化的交会和冲突往往会产生杰出的革命家和思想家，在血与火的斗争中又能迸发出高亢的诗篇。

如果追溯 19 世纪，中国广东曾是东来的西方思想与古老的中华文明激烈碰撞之地。进入 20 世纪之后，广东、上海和武汉等处的殖民地化和西方文化弊端的影响日占优势，清王朝首城北京和西北内地又仍被封建腐朽的暮气所笼罩，地处广州、武汉之间的湖南则在新旧文化、东西思想的冲突中成为主要交会点。近代湖南星河灿烂的一代英杰，恰好在此背景下放射出他们自身的光辉。湘楚文化的传统与近代革命思想的结合，才造就了毛泽东这样的革命家诗人,军事家诗人,并在 20 世纪的诗坛上独领风骚。

毛泽东青年时的志向是"改造中国与世界",本人的职业选择却长期倾向于教师和报人,希望以讲坛和纸笔来唤起民众。他的一手好文章,从湘乡东山高等小学堂到长沙师范都被老师们称赞备至,在那个时代原可作为头等进身之阶,可是他却视万户侯如粪土,与蔡和森等志同道和的好友一起,以其超众的才华走上一条冲脱世俗的反社会潮流的新途。"恰同学少年,风华正茂,书生意气,挥斥方遒"。正所谓文以载道,诗以言志,一阕《沁园春》,正道出岳麓山下、橘子洲头的青年毛泽东的理想和追求。后来他在"霹雳一声暴动"的呐喊声中走上了井冈山,从此由文人变成军事家,又时常在马背上填词,以一个诗人赢得了一个有人类 1/4 人口的大国的革命胜利。在改天换地、建设一个社会主义强国的奋斗历程中,毛泽东在理论和实践中又进行了曲折艰难的探索,以浪漫主义的情调和理想主义的胸怀留下了众多诗文,也奏出了晚年的心曲,值得后人去仔细咀嚼和品味……

如今,毛泽东虽离开我们已有三十多年,可是历史伟人的去世,只意味着他个人的呼吸、思维停止,却不表明其思想及精神消失。毛泽东作为中国共产党和中华人民共和国的缔造者,代表着党和国家的形象,也以他的思想和行动影响了我们国家的几代人。一些西方人过去曾讥笑毛泽东时代的中国政治教育是"洗脑",事实上人们的社会存在决定意识,头脑只能靠环境改变,绝非单纯的宣传教育可"洗"。过去广大的中国人热爱毛泽东,恰恰是其所处的革命与战争的历史环境所造成。在和平发展时期,对适合中国特色的理论武器的呼唤,也使新一代中国人敬重并以理性的态度去重新寻找毛泽东,对这位革命家兼诗人的雄文华章,也应该从新的角度去研读和吟诵。

　　笔者多年来一直有志于研究毛泽东。在 1993 年毛泽东诞辰 100 周年之际,特应中共中央文献研究室之邀,从军事角度撰写过《军事家毛泽东》一书,并于中央文献出版社出版。弹指一挥间,15 年过后,在纪念毛泽东诞辰 115 周年之际,鄙人又应北京电视台之邀,在《中华文明大讲堂》中主讲《毛泽东诗词创作的宏程心路以及背后的故事》。对这几集讲座的文字稿,特汇编成册,以奉献于有兴趣的读者。

　　从少年时代起,笔者便喜欢吟诵毛泽东诗词,无论是在书本上或是在实地探寻一次毛泽东,都会感到大有收益。笔者因从事研究和本职工作之故,多次去过韶山、井冈山及延安等地。每到毛泽东当年的故居,总是感触良多,浮想联翩。记得 1992 年同学员们进行现地教堂之际,笔者曾登井冈峰峦,感慨万千,而不避拙陋,步苏东坡《赤壁怀古》之韵填《念奴娇》一首,特抄录于此为纪:

> 浩茫竹海,连云汉,藏卧天华万物。
> 凭吊旧踪,五哨处,众志曾垒铁壁。
> 赤帜惊空,锤镰动地,忠骨堆如雪。
> 绿荫松风,放歌一代英杰。
>
> 润之先生当年,朱彭汇聚了,哀兵励发。
> 草履粗衫,弹指间,九天苍龙灰灭。
> 兴国雄图,关山犹逶迤,征尘染发。
> 平生奋勉,此诚长昭日月。

　　目前,改革开放的大潮早已改变了中国的面貌和人们的观念,毛泽东当初进行实践的环境与今日相差已不啻天渊,然而有一点是相似的,即都在进行着一种前无古人的无模式可循的求索。20 岁的毛泽东以身无分文却心忧天下之志,曾将屈原《离骚》中的名句引为座右铭:

> 路漫漫其修远兮,
> 吾将上下而求索。

同样,在今后开拓有中国特色的社会主义之路,为使我们民族自豪地屹立于世界民族之林,为建设一个现代化的强大经济基础和强大的国防而奋斗的道路上,我们从毛泽东身上所能继承的最宝贵的财富,不也正是这种求索精神吗!

在人们纪念共和国改革开放取得伟大成就之时,笔者执教于京郊红山口国防大学校园,追忆往昔,感怀今日,曾写《国庆赋》一首,特录于此作为本书的结尾:

国逢华诞,民迎庆典。泱泱中华,赫赫赤县。十月时维,秋色初现。临燕山烟凝而岭紫,览京渠波渚更光灿。牵念家国万姓,身系干戈烽烟。大风长歌催舞,鼙鼓声徊耳畔。冰河铁马总入梦,请缨从军忆弱冠。兵车边陲行,鹤归华表还。喜红山授业,欣迎桃李满园;慰激烈壮怀,环视星汉璀灿。虽不望庙堂之高,犹常指江湖以远。时光白驹过隙,我辈使命催唤。兴邦抓机遇,前瞻赖史鉴。

世纪风云放眼,萦怀人间巨变。溯千载兴衰周期,叹百年荣辱叠现。禹域近代蒙尘,河山破碎难圆。润之先生挽狂澜既倒,党育铁军解哀民倒悬。万里貔貅扫,朱毛弹指间。建国歌奏凯,天安宏音传。神州九兆六,生灵几亿欢。创业一改穷白,再兴百废故园。伏虎凌云志,沧海化桑田。五年计划雄图举,铁路厂矿起莽间。重整山河挥汗雨,遍地英豪下夕烟。雄师更将新功创,如椽大笔难尽言:鸭绿江左殊勋建,丰碑巍然云汉间。雪域海疆筑铁壁,浩气长存固边关。中华天地灵秀所寄,不独山水更在群贤。一星掠远瀛,两弹震九天。五洲惊愕称奇迹,万邦之林立昂然。军旅多忠烈,科研旌表传;改贫弱旧貌,耀多娇江山。

　　缅怀畴昔峥嵘,怅慨万厄千难。呜呼! 妖氛一度,精华凋残。待四凶剪除,反正拨乱;庆政通人和,又见新颜。几经劫难过,板荡识英贤。有道是,知难行更难,远足赖前瞻。改革开放拨迷雾,寰球正视方昭然。振兴再建伟业,强国教育行先;传统社会转型,价值观念多元。马列中国化,继往开新篇。任凭全球风浪,我自昂立岿然。民主基法制,政策定坤乾;科学发展观,警世为真言。

　　望故国万里如画,新世纪生机盎然。挑战机遇同在,和谐目标策鞭。安全系世界,戎机如在弦。将士长枕戈,承卫总待旦。宝岛风云诡谲,众逆觊觎周边;自古神州歌一统,岂容裂土哀鼎残。凝眸盛世升平,怒视戟指群奸。精练杀手锏,我辈责在肩。信息为虎添翼,搏击陆海空天;电磁制尔高精,决胜多维空间。宵旰勤施教,奇葩军营遍。国运日正隆,吾侪更自勉。天地久长兮正气扬,日月齐光兮金瓯全。银花映火树,欣迎不夜天。中华正腾飞,齐舞再翩跹。